PRÉCIS
DE GÉOLOGIE

APPLIQUÉ

AU BERRY

(DÉPARTEMENTS DU CHER & DE L'INDRE)

PAR

Le Chanoine P. HORTU

Ancien Professeur de Sciences physiques et naturelles
au Petit Séminaire Saint-Célestin, à Bourges

————

NOUVELLE ÉDITION

avec une carte spéciale et cinq planches en phototypie

DESSINÉES PAR M. L'ABÉÉ TH. MOREUX

BOURGES

LÉON RENAUD, LIBRAIRE-ÉDITEUR

12, RUE MOYENNE, 12

— —

1896

GÉOLOGIE DU BERRY

PRÉCIS

DE GÉOLOGIE

APPLIQUÉ

AU BERRY

(DÉPARTEMENTS DU CHER ET DE L'INDRE)

PAR

Le Chanoine P. HORTU

Ancien Professeur de Sciences physiques et naturelles
au Petit Séminaire Saint-Célestin, à Bourges

NOUVELLE ÉDITION

avec une carte spéciale et cinq planches en phototypie

DESSINÉES PAR M. L'ABBÉ TH. MOREUX

BOURGES

LÉON RENAUD, LIBRAIRE-ÉDITEUR

12, RUE MOYENNE, 12

1896

A SON ÉMINENCE

MGR BOYER

CARDINAL-ARCHEVÊQUE DE BOURGES

MONSEIGNEUR,

Je supplie humblement Votre Éminence de vouloir bien accepter la dédicace de ce modeste ouvrage qu'Elle a daigné encourager de sa haute approbation. C'est sur le désir que vous avez bien voulu exprimer, que le petit « *Précis de Géologie du Cher* » est devenu la « *Géologie du Berry* ». J'ai l'honneur de vous offrir mon travail, espérant que vous consentirez à bénir en même temps, l'œuvre et l'auteur.

Bourges, le 24 Août 1896.

P. HORTU.

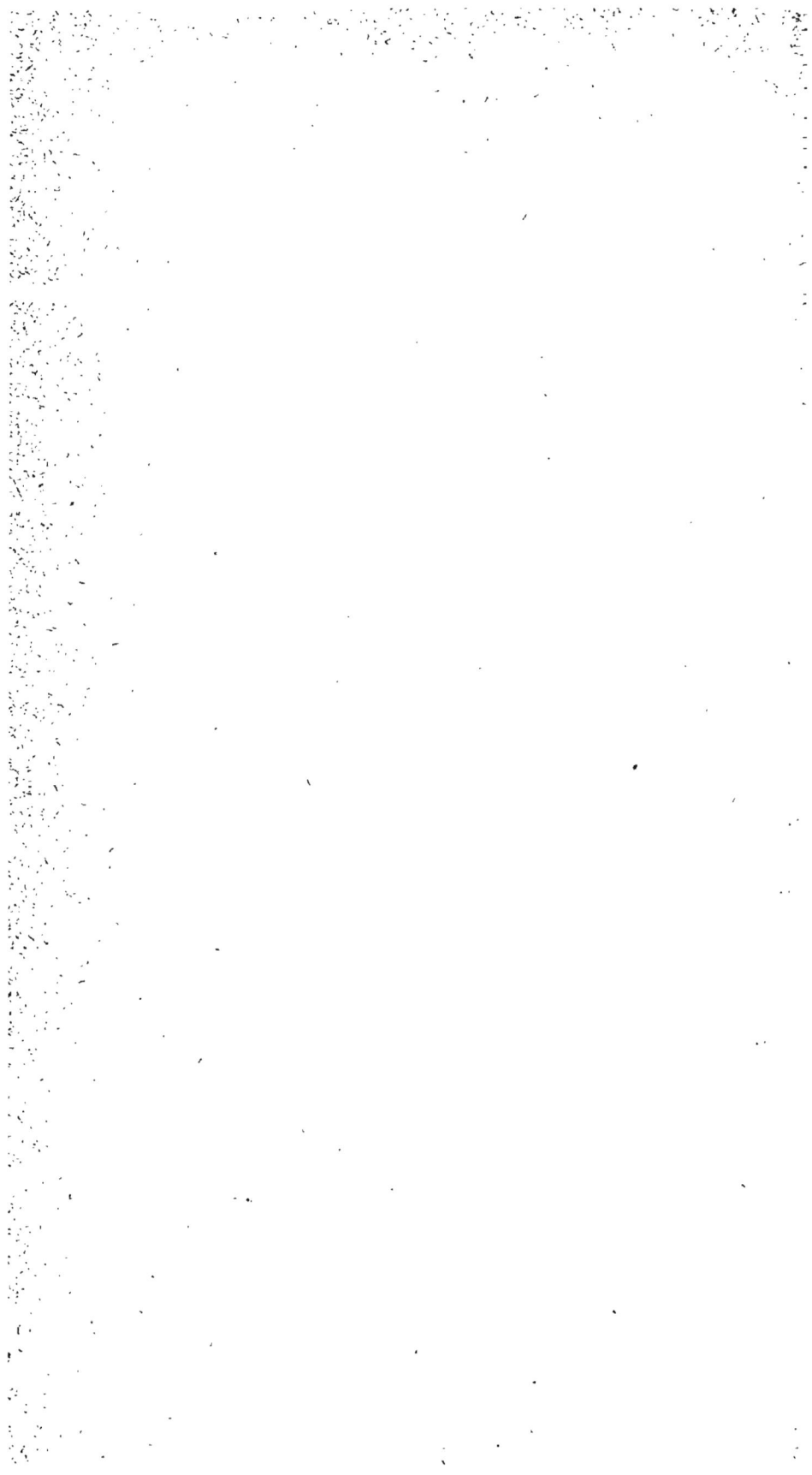

AVANT-PROPOS

L'origine de ce travail est pour une grande part l'analyse faite autrefois du magistral Traité de Géologie de M. A. de Lapparent. Les détails plus particuliers sur le Berry sont empruntés le plus souvent aux publications du Service de la Carte géologique de France et aux renseignements extrêmement précieux de M. A. de Grossouvre. Nos lecteurs voudront bien, moyennant ces déclarations, nous dispenser de citer à chaque page des références qui eussent vraiment trop chargé le texte.

Le tirage des planches qui ornent cet ouvrage était terminé pour une deuxième édition de la « Géologie du Cher » lorsque, sur un désir manifesté en haut lieu, il fut décidé que l'étude serait étendue à tout le Berry. M. l'abbé Th. Moreux voulut bien continuer à prêter le secours de son remarquable talent de dessinateur en dressant spécialement pour ce livre une belle carte géologique du Berry.

La publication de cette nouvelle édition s'est faite avec les soins de M. l'abbé Delaunay, professeur à Saint-Célestin, et l'impression a été exécutée dans les ateliers de M. Tardy-Pigelet à Bourges.

NOTIONS PRÉLIMINAIRES

DÉFINITION DE LA GÉOLOGIE
SON HISTOIRE, SA MÉTHODE
SES APPLICATIONS, SA DIVISION

DÉFINITION. — La Géologie a pour objet, dit M. A de Lapparent, « l'étude de l'ordre dans lequel les matériaux du globe terrestre ont été déposés dans le temps et dans l'espace ».

L'ordre dans le temps, c'est l'apparition à des époques successives, des différentes ROCHES, des FAUNES et des FLORES. L'ordre dans l'espace, c'est leur répartition sur le globe terrestre.

On appelle *roches* ou *terrains*, les grandes masses minérales, de constitution et de nature diverses, qui entrent comme parties essentielles dans la composition de l'écorce du globe. On nomme *faune*, l'ensemble des animaux d'un même pays ou d'une même époque, et *flore*, l'ensemble des végétaux. Les restes d'animaux et de végétaux anciens que l'on rencontre dans les roches sont désignés sous le nom de FOSSILES. L'examen de ces fossiles est de la plus grande importance pour pouvoir reconnaître et classer les roches elles-mêmes dans lesquelles on les trouve.

HISTOIRE. — L'histoire de la Géologie est courte, car cette science est toute récente. Ce n'est pas toutefois que les anciens ne se soient préoccupés de la formation du globe, mais ils le connaissaient trop mal pour en tirer des conclusions d'ensemble. Ils ne pouvaient apprécier que les faits particuliers, aux contrées où ils vivaient. Aussi les Grecs, témoins des phénomènes volcaniques des îles de leur pays, attribuaient-ils aux éruptions la formation de la terre, tandis que les philosophes d'Alexandrie, voyant les alluvions du Nil, s'imaginaient que tous les terrains s'étaient ainsi formés par le transport des eaux. A leur exemple, jusqu'à la fin du siècle dernier, ceux qui se sont occupés de ces questions se partageaient en *Plutoniens* et en *Neptuniens,* suivant qu'ils expliquaient la formation des continents par des éruptions volcaniques ou bien par des dépôts vaseux que les eaux avaient amassés.

Les idées n'étaient pas moins erronées sur la nature et l'origine des fossiles. Les os des grands mammifères trouvés dans les couches terrestres étaient attribués à des races de géants. Pour le savant arabe Avicenne, les fossiles étaient tout simplement des *jeux de la Nature* qui s'était plue à ces bizarres constructions. Cette sorte d'explication a longtemps prévalu. Léonard de Vinci et après lui Bernard Palissy y virent les premiers les restes d'animaux ayant autrefois vécu. « Les poissons armés, dit ce dernier, lesquels sont pétrifiés en plusieurs carrières, ont esté engendrés sur le lieu même, pendant que les rochers n'étaient que de l'eau et de la vase, lesquels depuis ont esté pétrifiés avec lesdits poissons après que l'eau a défailly.» (*De l'origine des sources.*) Lorsqu'il fut admis de tous que les fossiles étaient des restes d'animaux, on crut généralement que c'étaient les restes de ceux qui avaient été détruits par le déluge. Voltaire, pour échapper à cette conséquence, d'ailleurs un peu forcée, prétendait que les coquilles trouvées au sommet des Apennins et des Alpes y avaient été laissées par les pèlerins qui revenaient de Jérusalem.

MÉTHODE. — Aujourd'hui, la science géologique, malgré des obscurités et des incertitudes encore nombreuses, mais dont quelques-unes chaque jour disparaissent, est assez avancée pour nous renseigner exactement sur la nature et les variétés de constitution des roches, l'ordre de leur superposition et de leur juxtaposition, ainsi que sur la succession des espèces fossiles que ces roches renferment. A cette connaissance des *faits* ou *phénomènes,* elle prétend même ajouter leur explication et l'indication de leurs *causes,* c'est-à-dire des *forces* ou des agents qui ont déterminé ces phénomènes autrefois.

Cette explication a pour base deux principes que nous allons exposer brièvement et qui forment comme un résumé de l'*Histoire du Globe.*

1º **Origines de la planète terrestre : hypothèse de Laplace ; la nébuleuse primitive ; formation de la première croûte solide.** — Lorsque Dieu créa le monde, la terre ne reçut pas immédiatement sa forme définitive. D'après l'hypothèse admise par les géologues et qui a pour auteur Laplace, le premier acte du Créateur aurait été de remplir l'espace d'une matière éthérée à l'état de *diffusion ignée*. Cette matière animée dès le principe d'un mouvement de rotation se serait divisée en masses globulaires immenses qui, de leur mouvement primitif, auraient conservé un double mouvement de rotation sur elles-mêmes et de translation autour de centres puissants d'attraction. Ces masses, détachées primitivement d'une même nébuleuse, auraient donné successivement naissance aux étoiles et aux planètes.

Notre soleil, d'après cette hypothèse, avec son cortège de planètes, aurait donc fait partie de cette nébuleuse primitive. Il aurait successivement abandonné des zones de vapeur qui, en se condensant, auraient formé les différentes planètes. Or, si l'on considère que ces planètes ont une densité d'autant plus grande qu'elles sont plus voisines de l'astre central, on reconnaîtra que cette disposition concorde à merveille avec l'hypothèse qui les fait dériver de parties de plus en plus profondes de la même nébuleuse. Les diverses couches de cette nébuleuse, en effet, devaient avoir nécessairement une densité croissant progressivement de la périphérie au centre.

Malheureusement, quelques années après la mort de Laplace, se présenta une objection capitale à son système. Les planètes, nous l'avons dit, ont un double mouvement : l'un de rotation sur elles-mêmes, l'autre de translation autour du soleil. C'est le double mouvement d'une toupie qui, en tournant, décrit une circonférence ou une courbe quelconque.

Or, toutes les planètes ne tournent pas dans le même sens : les plus éloignées, ainsi que leurs satellites, ont un mouvement de rotation rétrograde. Tandis que les autres tournent de droite à gauche, elles tournent de gauche à droite comme les aiguilles d'une montre. L'hypothèse de Laplace ne suffisait donc plus à expliquer les faits connus du système solaire.

M. Faye substitua d'abord à une nébuleuse ignée une nébuleuse froide à l'origine, hypothèse qui s'accorde avec toutes les lois les mieux connues de la *Thermodynamique*. Enfin, il put expliquer jusqu'à la rotation rétrograde d'Uranus et de Neptune. Voici en quelques mots sa théorie.

M. Faye suppose que les planètes les plus rapprochées de la terre furent formées, longtemps avant le soleil, d'anneaux concentriques qui se séparèrent tous ensemble. Ces anneaux, bien que séparés continuaient de tourner, comme lorsqu'ils faisaient partie de la nébuleuse. Leur bord extérieur avait une vitesse supérieure à celle du bord intérieur et lorsqu'il se produisit une rupture, l'anneau forma une boule qui, s'enroulant de l'extérieur à l'intérieur, tournait sur elle-même dans le sens de son mouvement primitif. Pour les planètes les plus éloignées, les anneaux ne se formèrent que plus tard, lorsque déjà le soleil suffisamment concentré exerçait sur eux une grande force d'attraction. Grâce à cette attraction de l'astre central, le bord intérieur de l'anneau tendait à accélérer et, quand vint la rupture, la planète s'enroula cette fois de l'intérieur à l'extérieur et prit un mouvement rétrograde.

Malgré un progrès évident sur la théorie de Laplace, l'hypothèse de M. Faye n'est pas à l'abri de bien des critiques. Il reste encore à expliquer comment la matière d'un anneau a pu se rassembler en une planète unique, comment il se fait que l'axe de chaque planète a une inclinaison différente par rapport au plan de l'écliptique. Enfin, elle est loin de fournir à la Géologie le nombre de siècles suffisant pour expliquer la formation de chaque globe planétaire.

Quoi qu'il en soit, notre terre serait donc bien un astre éteint qui d'abord aurait été nébuleuse, puis étoile. Les géographes nous disent qu'elle est aplatie aux pôles et renflée à l'équateur : or, c'est précisement pendant sa période stellaire, alors que ses éléments étaient liquides, qu'elle a dû se déformer ainsi, comme nous le montre l'expérience de M. Plateau.

On connaît cette expérience: Dans un mélange d'eau et d'alcool convenablement préparé, si l'on verse un peu d'huile, celle-ci, ayant la densité du mélange, se réunit en une boule au milieu du liquide. Avec une longue aiguille, on fait alors tourner la petite sphère : elle s'aplatit immédiatement aux deux extrémités de l'axe de rotation et se renfle dans sa région moyenne. Ce renflement *équatorial* et cet aplatissement *polaire* sont d'autant plus prononcés que la rotation est plus accélérée.

Cette phrase stellaire, cependant, ne pouvait toujours durer. Par son rayonnement à travers les espaces, la terre se refroidissait. Un moment vint où la température ne fut plus suffisante, à la surface, pour y permettre l'existence des matériaux en fusion. Une première croûte, analogue aux scories des métaux fondus, se forma donc sur l'océan de feu. Au-dessus,

s'étendait une atmosphère épaisse chargée de quantités énormes de vapeurs et de gaz : les eaux des mers
et des sources étaient encore à l'état gazeux, ainsi que
l'acide carbonique fixé maintenant dans le sol et dans
les matières organiques. Cette croûte sera la première
assise et comme les fondements des différents terrains
géologiques.

**2° Dynamique externe, dynamique interne :
identité des causes des phénomènes géologiques anciens et des phénomènes géologiques
actuels.** — Une double série de phénomènes entre
maintenant en œuvre et l'histoire du globe est dès ce
moment tout entière dans le jeu alternatif ou simul-
tané de ces deux catégories d'agents que nous allons
définir tout à l'heure en résumant leur action: LA DY-
NAMIQUE INTERNE et LA DYNAMIQUE EXTERNE.

La première écorce solide fut d'abord à peu près
uniforme et sans relief. Mais, peu à peu, à mesure que
se poursuivait le refroidissement, le liquide intérieur
se contractait et occupait moins d'espace : l'enveloppe
fut bientôt trop ample. Trop peu épaisse pour se sou-
tenir, elle s'affaissa par endroits, se courbant ou se brisant. Certaines parties, s'enfonçant d'un côté dans le
noyau liquide se soulevèrent de l'autre, formant ainsi
les premières vallées et les premières montagnes ; et
souvent, par les fissures, des matières encore en
fusion, pressées par tous ces mouvements, s'échap-
pèrent au dehors et vinrent se solidifier à la surface.

C'est *la dynamique interne*.

Mais, pendant que se formaient ainsi les premières
inégalités de l'écorce terrestre et peu de temps après

sa consolidation, les vapeurs, qui avaient été jusque-
là maintenues dans l'atmosphère par le rayonnement
de la chaleur du globe, se refroidirent à leur tour, se
condensèrent et, se précipitant sur le sol en pluies
torrentielles et brûlantes, le couvrirent soudain d'une
nouvelle couche liquide. Ces eaux eurent sur le sol une
action à la fois mécanique et chimique puissante.
Elles en désagrégèrent ou en décomposèrent des
parties considérables qu'elles tinrent d'abord en suspension pour les déposer ensuite sous une forme différente. Cependant, le relief s'accentuait de plus en plus
sous l'effort de la dynamique interne, de profondes
dépressions se creusaient où s'amassaient les eaux, des
éminences commençaient à surgir, des continents se
dessinaient de plus en plus grands, quoique rares
encore, sur la sphère terrestre. Les pluies qui se
succédaient abondantes continuèrent à arracher des
parcelles importantes des terres émergées, à les
dissoudre, à les entraîner dans la masse des eaux et
finalement à les déposer, par couches de forme et de
composition très variables, dans les bas-fonds et le
long des rivages.

C'est *la dynamique externe.*

Ces deux forces, dont nous venons de voir, d'une
manière très générale les effets géologiques, continuent encore de nos jours à produire sur le globe une
action analogue. Il n'est pas rare qu'on signale une
éruption de volcan, un tremblement de terre ou
d'autres bouleversements du même genre que nous
ne pouvons attribuer qu'à cette cause que nous venons
de désigner sous le nom de dynamique ou d'énergie

interne ; et, à chaque instant, l'activité des eaux entraîne des hauteurs vers les vallées et vers le fond des mers des débris enlevés aux différents terrains qu'elles traversent.

Aussi, pour pouvoir comprendre les faits géologiques anciens et leur enchaînement, il est nécessaire d'étudier d'abord et d'expliquer les phénomènes actuels dont nous pouvons plus facilement observer et saisir les lois et les raisons intimes. Par les phénomènes actuels, nous arriverons ainsi d'une manière relativement aisée à comprendre les phénomènes anciens avec lesquels, nous le répétons, ils ont les plus grandes ressemblances. « Entre les phénomènes du passé et ceux qui s'accomplissent encore aujourd'hui sous nos yeux, dit M. de Lapparent, il peut y avoir de notables différences d'*intensité,* il n'y a pas de différences de *nature...* Cette identité d'*essence,* mais non de *modalité,* entre les agents physiques du passé et ceux du présent est le principe fondamental sur lequel doit reposer toute la science du globe. »

APPLICATIONS. — Avant de montrer l'utilité pratique que peut avoir la science géologique et les avantages matériels que l'homme peut en retirer, qu'il nous soit permis d'emprunter encore au géologue éminent que nous venons de nommer quelques lignes qui, en résumant les grands traits de la géologie, nous aideront à comprendre le haut intérêt intellectuel que cette science doit du moins nous inspirer. « L'étude de la géologie nous fait assister à toutes ces transformations que la terre a subies depuis sa condition pre-

mière, incompatible avec l'existence des êtres les plus
rudimentaires, jusqu'à nos jours, où la vie s'épanouit
dans toute la splendeur de son infinie variété... Au
début des périodes vitales, une mer sans limites laisse
à peine émerger quelques îlots dont la vie organique
est lente à prendre possession. Puis, à mesure que la
terre ferme se constitue, nous voyons apparaître une
abondante population animale, tandis que la végétation s'installe avec une puissance incomparable sur le
bord des lagunes continentales, purifiant l'atmosphère, jusqu'alors irrespirable, par le carbone qu'elle
lui enlève et dont un mode particulier d'enfouisse-
ment va mettre en réserve, pour les âges futurs, toute
la puissance calorifique... Cependant le relief des continents s'accentue, le monde des animaux et des
plantes terrestres se diversifie de plus en plus, les
eaux, par leur travail d'érosion et de transport, étalent
sur de larges surfaces un limon fertile qui n'attend
plus que la culture, tandis que les fentes de l'écorce
ont vu leurs parois se tapisser de matières utiles.
L'homme peut venir ; la terre est mûre pour le recevoir ; c'est à lui désormais d'exploiter toutes ces
richesses que la Providence a partout accumulées
pour son usage. »

N'est-ce pas, en effet, de la terre que l'homme tire
tous les éléments de son industrie : les houilles et les
minerais, les sables vitrifiables, les terres à porcelaine, les pierres et les métaux précieux, les matériaux de ses constructions, les marbres de ses palais
et de ses temples ?. C'est la Géologie qui guidera le
mineur dans la recherche et l'exploitation des gise-

ments. C'est la Géologie qui fera connaître la présence
et la situation des sources, des nappes artésiennes,
des eaux minérales. C'est la Géologie encore qui a
démontré les dangers du déboisement des montagnes
et de l'endiguement des fleuves. Utile à l'agriculture
à qui elle indique la nature des sous-sols et les endroits où peuvent se rechercher les amendements
minéraux, utile à l'art militaire à qui une bonne carte
géologique fait connaître en outre des reliefs, la
nature même du sol et la possibilité plus ou moins
grande d'y camper et de s'y retrancher ; c'est surtout
aux travaux publics qu'elle est appelée à rendre les
plus signalés services. Par la connaissance qu'elle
donne de l'état intime des roches meubles ou résis-
tantes, elle dirige l'ingénieur dans le tracé des tun-
nels, des tranchées, des viaducs. A l'homme privé,
que ces questions ne préoccupent pas, elle permet du
moins, ce qui n'est point sans saveur, de comprendre
sur place comment s'est formée telle région, pourquoi
telle bizarrerie du sol, telle succession de terrains, et
cent autres questions de même sorte qu'il se pose
nécessairement, si peu curieux qu'il soit de savoir.

DIVISIONS. — Cette brève étude géologique se
divisera en deux *parties*. La première aura pour objet
l'examen des **PHÉNOMÈNES ACTUELS** et de leurs
causes, dont nous avons dit plus haut l'importance.
La seconde comprendra l'étude des **PHÉNOMÈNES
ANCIENS** dans l'ordre de leur succession et formera
par conséquent la **Géologie proprement dite**

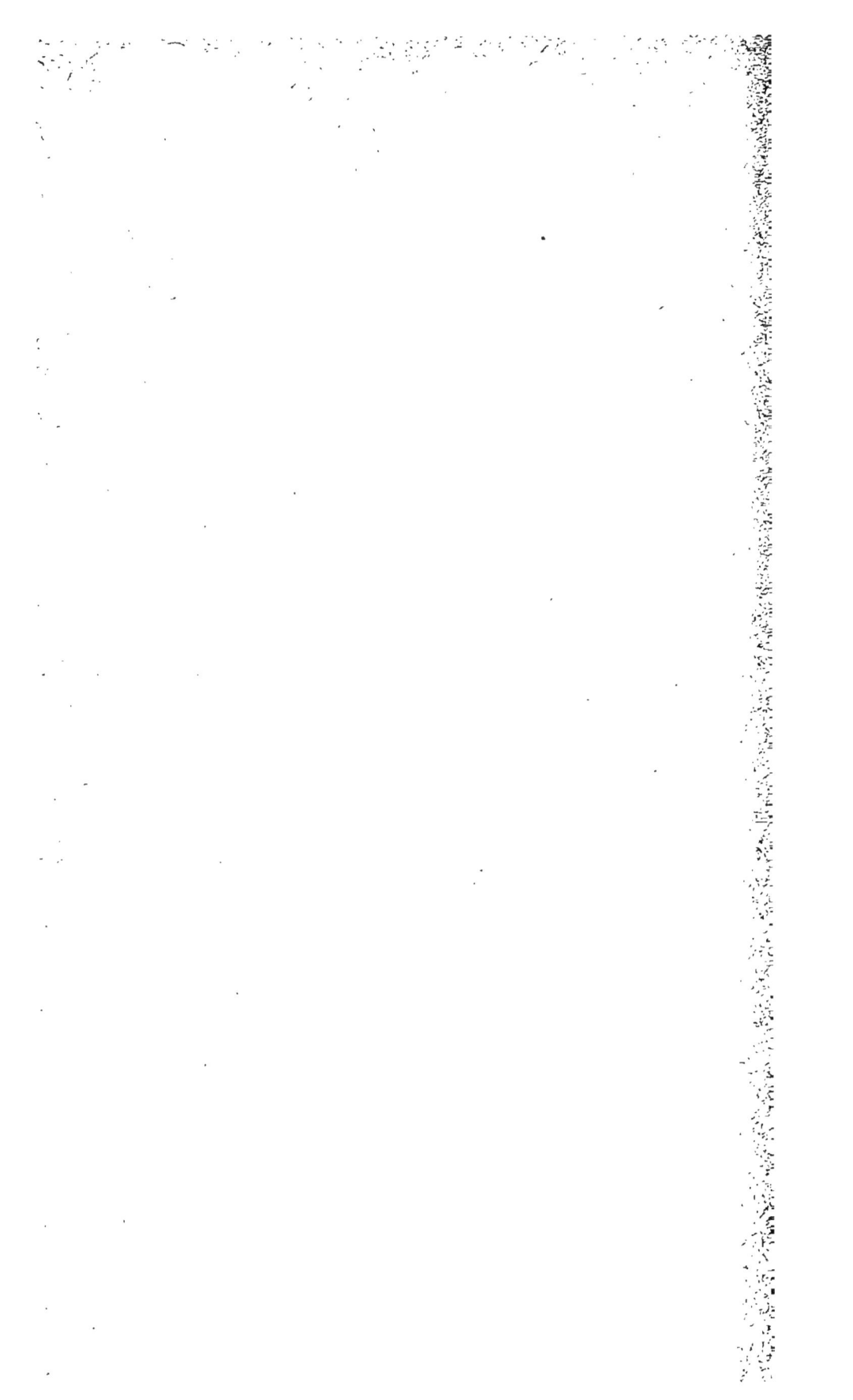

PREMIÈRE PARTIE

PHÉNOMÈNES ACTUELS

Les phénomènes actuels forment, ainsi que nous l'avons dit, deux séries distinctes. La première se compose de phénomènes qui sont produits par les agents de la **dynamique externe,** la seconde de ceux qui ont pour cause la chaleur centrale et qui dépendent par conséquent de la **dynamique interne.** Afin de pouvoir comprendre plus facilement les uns et les autres, nous devons d'abord jeter un coup d'œil rapide sur l'ÉTAT ACTUEL de notre globe et sur les conditions dans lesquelles il se trouve présentement placé.

CHAPITRE PREMIER

ÉTAT ACTUEL DU GLOBE

La Terre est un sphéroïde aplati aux pôles et renflé à l'équateur. Elle décrit une courbe elliptique autour du Soleil en 365 jours un quart. La chaleur et la lumière qu'elle reçoit lui viennent du Soleil qui éclaire la moitié du globe tandis que l'autre est plongée dans la nuit. Mais, comme elle tourne sur elle-même en 24 heures, il s'ensuit que chaque lieu du monde se présente à son tour au Soleil. Tandis qu'un pays traverse l'espace éclairé, il voit le soleil, il a le jour ; lorsque, achevant son tour, il passe du côté obscur, il a la nuit. Lorsque, pendant le jour, pour un lieu de la Terre le Soleil est au plus haut point de sa course, il est midi. Les astronomes ont imaginé de grands cercles qui passent par les pôles de la terre et qu'on appelle *méridiens*. Tous les pays qui sont situés sur le même demi-méridien qui regarde le Soleil ont midi en même temps ; et, pour tous ceux qui sont situés sur le demi-méridien opposé, à la même heure il est minuit.

Si l'axe terrestre était perpendiculaire à son orbite, le cercle passant à la fois par les deux pôles, les jours seraient égaux aux nuits ; mais il n'en est pas ainsi.

L'axe terrestre est incliné et, par suite, le cercle d'illumination ne coïncide pas toujours avec les méridiens. Pendant l'été le pôle Nord est éclairé et ne l'est plus pendant l'hiver. Les jours alors ne sont pas égaux aux nuits. Aux équinoxes, lorsque le cercle d'illumination vient coïncider successivement avec les différents méridiens pour chaque lieu de la terre, les jours sont égaux aux nuits.

Si nous jetons les yeux sur une mappemonde, nous voyons que la Terre et les mers sont inégalement distribués. Les eaux couvrent les trois cinquièmes environ du globe et leur plus grande masse se trouve dans l'hémisphère Sud.

Les océans marquent trois profondes dépressions qui vont du Nord au Sud. L'une est occupée par l'Atlantique, l'autre par le Pacifique, la troisième, qui comprend l'océan Indien, se continue par la mer Rouge, la mer Noire, la mer Caspienne et la région dans laquelle coule le fleuve Oural. Ces trois dépressions sont coupées transversalement par une quatrième que l'on peut suivre à travers la Méditerranée, la mer Rouge, le golfe Persique, la mer des Indes, Ceylan, l'ithsme de Panama.

La surface du sol n'est pas unie, mais elle offre des éminences et des dépressions. Ces éminences ou montagnes peuvent atteindre, avec les pics de l'Himalaya, jusqu'à 8,800 mètres de hauteur. Les dépressions profondes dont il est creusé et qui sont envahies par les eaux de la mer, peuvent aller, elles aussi, jusqu'à 8,500 mètres : c'est donc une différence d'environ quatre lieues.

Cette différence, énorme si on l'examine en elle-même, perd de son importance dès que l'on considère les dimensions générales du globe, et ces rides sont absolument de même ordre que celles d'une pomme ou d'une orange, qui n'empêchent pas le fruit d'avoir l'aspect d'une boule.

C'est néanmoins à les faire disparaître que s'exercent les forces qui constituent la *dynamique externe*. Les crêtes s'éboulent et les débris vont combler les bas-fonds.

CHAPITRE SECOND

DYNAMIQUE EXTERNE

On peut définir la DYNAMIQUE EXTERNE : **l'action exercée sur l'écorce solide par les éléments fluides extérieurs — l'atmosphère et les eaux — sous l'influence de la chaleur solaire, et par les organismes vivants qui peuplent les continents et les mers.**

Les matériaux des continents, d'abord désagrégés et rendus meubles par les agents atmosphériques, sont ensuite entraînés par eux, et, obéissant à l'action de la pesanteur, ils descendent dans des régions de plus en plus basses, après avoir servi durant leur parcours d'instruments efficaces à l'œuvre de la destruction. Les sables entraînés par les vents usent et corrodent les rochers dans les défilés étroits ; les pierres ballottées par les vagues de la tempête concourent à la démolition de la côte, et les galets roulés par les torrents servent à la destruction des rives. Tel est le jeu de la dynamique externe.

Ses agents sont de deux sortes : les **agents physiques,** c'est-à-dire l'ATMOSPHÈRE, les EAUX DE LA MER, les EAUX COURANTES comprenant les *eaux sauvages* et les *eaux d'infiltration*, les GLACES, et les **agents phy-**

siologiques, c'est-à-dire les organismes vivants *terrestres* ou *marins*.

ARTICLE PREMIER

Agents physiques.

ACTION DE L'ATMOSPHÈRE. — L'air, avec ses alternatives de sécheresse et d'humidité, de chaleur et de froid, de *gel* et de dégel, est pour la terre ferme une cause lente mais incessante de dégradation.

Sous ces diverses influences, les roches se fendillent et s'émiettent ; l'eau qui les pénètre produit, en se congelant, l'effet d'un coin qui hâte leur destruction.

Les particules désagrégées sont alors détachées par les vents, emportées dans les plaines ou sur les plages et donneront naissance à des monticules de sables appelés DUNES. On en distingue deux sortes : les *dunes maritimes* qui se forment sur les plages, et les *dunes continentales* que l'on rencontre dans les déserts. Les sables ainsi accumulés sont quelquefois jetés dans des lagunes, dans des anses de la mer, ils en exhaussent le fond et peuvent même parvenir à le combler. C'est un premier exemple de matériaux de destruction servant à reconstruire.

ACTION DE LA MER. — La mer, dans le phénomène des marées, attaque les plages basses et les creuse. Lorsqu'elle est bordée par des falaises,

ses vagues, soulevées par les tempêtes viennent se
briser violemment contre les rives et les ébranlent ;
sans cesse elles les sapent et les affouillent. Si résistante que soit la roche, elle cède toujours un peu ;
car, outre leurs nappes liquides, les flots lancent contre la falaise de lourds et durs projectiles : sables,
cailloux roulés, blocs récemment éboulés ; de sorte
que les matériaux de la démolition antérieure accélè-
rent la démolition présente.

Mais si la mer sans cesse détruit, sans cesse elle
reconstruit ; ce qu'elle enlève ici elle le dépose
ailleurs. Dix millions de mètres cubes de débris sont
ainsi annuellement arrachés des falaises de la Manche
et, emportés par le mouvement des eaux, vont se
déposer sur les rivages indécis de la Hollande.

ACTION DES EAUX COURANTES. — L'action
des eaux courantes n'est pas moins énergique.
Lorsqu'elles tombent en pluie sur les continents,
une partie, s'évaporant, retourne dans l'atmosphère.
Du reste il se fait deux parts. Les unes, appelées
EAUX SAUVAGES, ruissellent le long des pentes, particulièrement dans les montagnes, forment, en se réu-
nissant, les torrents qui se précipitent dans les vallées, et finissent par se perdre dans les rivières de la
plaine ; les autres, appelées EAUX D'INFILTRATION, pénè-
trent au travers des terres perméables ou fissurées
jusqu'à ce qu'elles aient rencontré une couche qu'elles
ne puissent plus traverser.

EAUX SAUVAGES. — Les *eaux sauvages* dé-laient les argiles, désagrègent les terrains meubles, entraînent les détritus produits par le fendillement des roches et amènent quelquefois l'éboulement de masses considérables dont elles ont miné la base. Lorsqu'elles deviennent TORRENT, à leur action se mêle celle des blocs entraînés, les rives se détruisent, le fond se creuse, et peu à peu les débris de la montagne prennent le chemin de la mer.

Tous cependant n'iront pas jusque-là. A son arrivée dans la plaine, le torrent ralentit son cours, et les plus gros sédiments, *cailloux roulés*, graviers et sables, se déposent, et, par leur amoncellement, forment ce que les géologues nomment un CÔNE DE DÉJECTION TORRENTIEL. Si le torrent se déverse dans un lac, c'est à son entrée que s'accumuleront les débris qui prennent alors le nom de *delta torrentiel*. Les sédiments plus légers, sables fins et vases, sont entraînés plus loin, le long de la rivière et jusqu'à la mer.

La RIVIÈRE n'a pas toujours le même régime. Elle peut être *divagante* et déplacer quelquefois son lit, ou bien *stable* et couler dans un lit toujours le même. Son débit n'est pas uniforme. Parfois, dans ses crues, elle franchit ses rives, envahit les cultures et laisse, en se retirant, les vases que charriaient ses eaux troubles. Par l'endiguement, il est vrai, on empêchera l'inondation, mais ce ne sera pas pour longtemps. Les sédiments qui ne peuvent s'étaler en dehors des berges se déposent dans le lit même du fleuve dont nécessairement ils exhaussent le fond. Il faut alors surélever les digues dans la même proportion jusqu'à ce qu'enfin tout s'abîme dans un écroulement général; car c'est en vain que l'homme cherche à lutter contre les forces de la nature. Nous en avons un exemple dans la Lombardie où, par l'endiguement progressif du Pô, on a conduit ce fleuve à couler au niveau des clochers de Ferrare, c'est-à-dire bien au-dessus des plaines environnantes pour lesquelles il est une menace continuelle.

Parfois, encaissées sur une pente plus raide, les eaux gardent longtemps un cours rapide, puis, lorsque la rivière débouche dans une plaine, elles ralentissent leur cours et forment au beau milieu de leur lit des dépôts vaseux qui deviennent des ÎLES.

Malgré les dépôts considérables qui forment ainsi les cônes de déjection, les deltas torrentiels et les îles, une grande quantité de vases sont entraînées jusqu'à la mer. Lorsque la mer est tranquille et soustraite aux phénomènes des marées, les dépôts forment de vastes DELTAS, terrains bas et marécageux au milieu desquels, par plusieurs branches, le fleuve arrive à la mer. Ainsi se sont formés les deltas du Danube, du Pô, du Nil. Celui du Rhône nous donne les plaines sauvages de la Camargue ; c'est dans le delta du Gange, le *Soonderbuns* ou *Sanderband*, que le choléra règne à l'état endémique occasionné par les miasmes de ses marais pestilentiels, et c'est de là qu'il part trop souvent pour venir ravager l'Europe.

Lorsque, au contraire, dans les océans largement ouverts, l'agitation périodique des marées empêche les dépôts de se produire, le lit du fleuve se creuse et s'élargit en formant des ESTUAIRES comme ceux de la

Loire et de la Gironde. Les vases entraînées par les flots vont se déposer au large, en bordure des côtes, à une distance qui peut atteindre jusqu'à 300 kilomètres, et elles s'étalent en formant les *boues côtières*. Quelquefois, elles restent à l'entrée de l'estuaire, là où la vague montante arrête le flot descendant du fleuve, et elles y forment les *barres* si redoutées des navigateurs.

EAUX D'INFILTRATION. — Les eaux n'agissent pas seulement par le transport des vases et des détritus, mais de plus elles dissolvent les *calcaires*, les *gypses*, les *silex*, les *minerais*, etc. En s'évaporant, elles les abandonnent, formant ainsi des bancs nouveaux. De nos jours même, on voit quelquefois se former de la sorte des pierres assez dures pour pouvoir servir aux constructions. M. de Lapparent rapporte qu'à la Guadeloupe, il existe une carrière de cette espèce. Les excavations qu'on y pratique sont bientôt comblées par de nouveaux matériaux ; aussi les nègres ont-ils donné le nom expressif de *Maçonne-bon-Dieu* à ces pierres qui semblent naître sous les pas même des travailleurs. Ce sont les *eaux d'infiltration* chargées de calcaire qui, venant à perler à la voûte des grottes, y déposent en s'évaporant les principes minéraux qu'elles avaient dissous. Ainsi se forment fréquemment dans les grottes ces pendentifs, ces mamelons et ces piliers si curieux que l'on appelle STALACTITES et STALAGMITES.

Les eaux d'infiltration seront d'autant plus abondantes dans une région qu'il y aura plus de circonstances empêchant le ruissellement et le cours des eaux sauvages. Les gazons, les broussailles, les arbres des pentes remplissent cet office. L'imprévoyance des hommes, en déboisant les montagnes, a fait que chaque pluie abondante est souvent suivie d'une inondation causée par le débordement des rivières.

Les eaux d'infiltration s'accumulent au-dessus des couches imperméables et y forment de puissants réservoirs qui donneront naissance aux sources et à un grand nombre de cours d'eau. D'autres fois, suivant les anfractuosités des terrains fissurés, elles forment de véritables *rivières souterraines,* et si, dans leur cours, elles rencontrent quelque roche meuble ou soluble, elles y creusent de vastes grottes.

ACTION DES GLACIERS. — On sait que les hautes montagnes sont perpétuellement couvertes de neiges qui y tombent en abondance et que la chaleur n'y vient jamais fondre. Une grande partie de ces neiges, sous l'influence de causes diverses, descend peu à peu dans les gorges et les hautes vallées et vient y former des amas énormes de glaces que l'on désigne sous le nom de *glaciers.* Ces glaciers sont aussi de puissants agents d'érosion. Ils ne sont pas immobiles, comme on pourrait le croire : mais, véritables fleuves solidifiés, ils marchent, ils avancent, lentement, il est vrai, ne progressant chaque jour que de quelques décimètres ; mais ils avancent avec une irrésistible puissance. L'eau conserve en se congelant une certaine plasticité. Sous l'énorme pression qu'il exerce sur lui-même, le glacier s'allonge et se moule sur les roches qui l'encaissent. Il entraîne avec lui des cailloux et des blocs et il creuse son lit. Des hauteurs voisines tombent des pierres et des fragments qui s'alignent des deux côtés à mesure que le fleuve gelé chemine et forment ainsi des MORAINES. Des blocs, parfois énormes, se trouvent par ce moyen transportés au loin. En se fondant, la glace les abandonne, et ils constituent à la terminaison des glaciers, les amas connus sous le nom de *moraines frontales*. Parfois deux glaciers se rencontrent à la réunion de deux vallées. Ils se réunissent en un seul, et les deux moraines des parois qui se touchent n'en forment plus qu'une qui occupe le milieu du glacier. On l'appelle *moraine médiane*.

Aux pôles, les glaciers n'existent pas seulement sur les montagnes. Ils s'étendent dans la plaine et la recouvrent d'un épais manteau dont les franges plongent dans la mer. Ils y jettent leurs moraines, et quelquefois des *icebergs* ou glaçons flottants emportent des blocs de pierre jusqu'à des distances considérables.

ARTICLE SECOND

Agents physiologiques.

Les agents physiologiques interviennent dans la formation des terrains pour une part qui est loin d'être négligeable. Leur action consiste surtout à restituer le carbone, le calcaire et la silice que contiennent leurs organismes et qu'ils ont enlevés au monde inorganique. C'est d'ailleurs par la nature de cette action que nous pourrons expliquer la formation de la plupart des TERRAINS CALCAIRES et de tous les COMBUSTIBLES MINÉRAUX des époques géologiques. Nous allons examiner l'action des ORGANISMES TERRESTRES, *animaux* et *végétaux*, et celle des ORGANISMES MARINS dont les plus abondants sont les *Mollusques*, les *Cœlentérés* ou *Polypes*, les *Spongiaires* (Éponges), les *Protozoaires* (Rhizopodes), et, dans le règne végétal, les *Thallophytes* (Protophytes).

ACTION DES ORGANISMES TERRESTRES.

— Les ANIMAUX TERRESTRES ne contribuent que dans une très faible mesure à la variation du globe. La plupart subissent après leur mort une décomposition qui restitue à l'atmosphère et au sol les éléments dont leur corps est formé. On peut citer cependant, comme ayant une certaine importance, les dépôts de *guano*, accumulations de déjections et de dépouilles d'oiseaux marins, qui se forment en particulier sur les îles voisines du Pérou. Les ossements de certaines bêtes sauvages s'accumulent aussi en grande quantité dans les grottes et les cavernes de quelques pays.

Les VÉGÉTAUX décomposent l'acide carbonique de l'air et en gardent le charbon qui sert à l'accroissance de leurs tissus. Certaines plantes aquatiques, des Mousses (*Sphaignes*), accumulent quelquefois leurs débris à l'endroit même où elles poussent. Ces débris, sans cesse entassés et augmentés de nouveaux éléments, forment un produit combustible qui porte le nom de TOURBE. Dans quelques pays, surtout dans les régions tropicales, les arbres gigantesques des forêts vierges, brisés et renversés par les tempêtes, entraînés le long des pentes, charriés par les eaux des fleuves, se réunissent par quantités énormes auprès des embouchures. Enchevêtrés les uns dans les autres, entremêlés de toutes sortes d'éléments disparates, d'herbes, de pierres, de vases, ils forment d'immenses *radeaux*. Le *Grand-Radeau*, que l'on voit sur la rivière Rouge, l'un des affluents du Mississipi, formé ainsi d'arbres entrelacés et mêlés ensemble, s'étend au-dessus du fleuve comme un pont qui n'a pas moins de 200 kilomètres de longueur.

ACTION DES ORGANISMES MARINS. — A des profondeurs diverses, au sein de l'Océan, vivent de nombreux MOLLUSQUES dont les *coquilles*, en s'accumulant, forment de véritables bancs de calcaire. Presque partout on rencontre, sur le littoral, des quantités considérables de coquillages. Souvent ces débris sont tellement triturés par les vagues qu'ils finissent par constituer une sorte de sable calcarifère. Telle est la *tangue* de la baie du Mont-Saint-Michel. Formée à peu près par moitié des éléments granitiques du voisinage et de calcaire coquillier, elle constitue un très bon amendement pour les terres siliceuses.

Parmi les *Protozoaires*, êtres microscopiques placés au dernier degré de l'échelle animale, on distingue la classe des RHIZOPODES dont les FORAMINIFÈRES et les RADIOLAIRES constituent les ordres principaux. Leur corps consiste simplement en une petite masse protoplasmique [1]. Celle-ci, pour acquérir plus de consis-

1. On appelle *protoplasma* le liquide un peu épais qui se

tance, enlève à l'eau de la mer un peu de calcaire qu'elle tient en dissolution, et elle s'en fabrique une carapace percée d'un ou de plusieurs trous au travers desquels l'animal peut émettre des prolongements protoplasmiques. Ces prolongements, appelés *pseudo-podes,* permettent à l'animal de se déplacer et de saisir sa nourriture. Ces animalcules, extrêmement nombreux, offrent des espèces très variées et toutes très petites, puisque, dans un gramme de sable ramassé près de Naples, on a pu compter environ 5,000 coquilles de Foraminifères. Le groupe le plus remarquable des Foraminifères est celui des *Globigérines* dont le test est calcaire, tandis que celui des Radiolaires est siliceux.

Toutes ces petites coquilles se déposant au fond des mers y forment une boue à la fois calcaire et siliceuse, à laquelle se joignent les *spicules,* sorte de petites baguettes siliceuses qui forment le squelette de certaines ÉPONGES. Le calcaire formera de la craie, et la silice se concentrant à part formera des silex disséminés dans la masse.

Dans les THALLOPHYTES microscopiques qui vivent au sein des eaux on remarque surtout les DIATOMÉES. Ce sont de petites *Algues* microscopiques encroûtées de silice et dont l'accumulation produit le *tripoli.*

C'est par quantités considérables que ces petits êtres se déposent en certains endroits. En 1840, les curages du port de Swinemunde, en Prusse, ont donné cent

trouve dans les *cellules* des animaux et des végétaux : c'est la véritable matière vivante.

soixante mille mètres cubes de vase dont un tiers étaient constitué par des Protozoaires et des Diatomées. Dans le port d'Alexandrie, leurs dépouilles ont formé une couche de 12 mètres.

Mais parmi ces dépôts marins, le plus curieux sans contredit est produit par les *polypiers*. Les polypiers, dont le *corail* est le genre le plus précieux, sont des colonies de POLYPES, petits animaux formés chacun comme d'un sac percé au centre d'une seule ouverture, autour de laquelle sont disposés des bras ou tentacules. Les Polypes sont ordinairement — en particulier dans la remarquable classe des CORALLIAIRES — réunis par colonies nombreuses dont l'ensemble affecte souvent la forme de petits arbres ramifiés et où chaque animal représente une fleur. De là le nom de *Zoophytes* (animaux-plantes) sous lequel on les désigne parfois avec les Éponges. Les individus de la même colonie communiquent ensemble par des vaisseaux qui transportent à tous les mêmes fluides nutritifs. La partie résistante, ce qui dans certaines espèces constitue le *corail* proprement dit, est une sorte de squelette calcaire que secrète chaque Polype.

Les Polypes ont besoin de lumière et de chaleur. Aussi ne peuvent-ils s'installer que sur le voisinage des côtes. Ils commencent par entourer le rivage d'une ceinture de récifs à fleur d'eau. Souvent sous les rafales de la tempête, les branches des coraux sont brisées et jetées sur la côte. Une partie est dissoute par les eaux de la mer ; le reste forme une boue plus ou moins fine qui demeure en suspension. Mais bientôt les principes calcaires dissous dans l'eau viennent se déposer par couches concentriques autour de chaque petit grain boueux, qui tombe au fond. Ces concrétions arrondies comme des œufs de poisson s'agglutinent ensemble, grâce au ciment calcaire qui continue à se déposer, et donnent ainsi naissance aux CALCAIRES OOLITHIQUES.

Il existe au milieu de l'océan des ceintures de récifs coralliens auxquels on donne le nom d'ATOLLS. A l'intérieur est une lagune dont la profondeur est moindre que celle des parages environnants. Les débris des Polypes et des Mollusques qui s'y étaient attachés, les vases apportées par la mer comblent peu à peu cette lagune. Une île est formée où naît bientôt la végétation, grâce aux graines qu'y apportent les courants marins, les vents, les oiseaux mêmes.

Comme on rencontre quelquefois dans l'océan Pacifique, des coraux à une assez grande profondeur tout autour des atolls, Darwin, pour expliquer leur formation, supposait que les Polypes s'étaient d'abord établis autour d'une île ou sur un rocher à fleur d'eau. L'île ou le rocher s'affaissant progressivement sous l'influence de la dynamique interne, comme cela est souvent observé dans ces régions, les constructions coralliennes se seraient aussi peu à peu enfoncés sous la mer. Mais, les Polypes ne pouvant vivre qu'à peu de distance de la surface se seraient développés en hauteur, à mesure que seraient morts ceux qui habitaient les régions inférieures. Alors, chaque atoll serait donc, comme on l'a dit « un monument funéraire qui marque la place d'une île engloutie et qui atteste en même temps les efforts faits par le monde organique pour soustraire à la destruction une partie du domaine terrestre ».

Mais cette hypothèse manque de fondement. Dans de récentes explorations, on a constaté que les Polypes étaient toujours installés à une petite distance du niveau des eaux, sur une plate-forme sous-marine formée le plus souvent d'un cône volcanique tronqué par les vagues. Les débris des coraux brisés dans les tempêtes, en s'accumulant sur les flancs des montagnes sous-marines et en les enveloppant d'une carapace calcaire, avaient seuls fait croire à une plus grande profondeur des constructions coralliennes.

CHAPITRE TROISIÈME

DYNAMIQUE INTERNE

La DYNAMIQUE INTERNE est l'action produite sur l'écorce solide par les fluides intérieurs, sous l'influence de l'énergie calorifique du noyeau terrestre.

Comme, sous l'effort combiné de l'air, de l'eau et des organismes vivants, les hauteurs du sol se détruisent et les matériaux de cette démolition s'accumulent dans les bas-fonds, on pourrait prévoir le temps où, tout relief ayant disparu, la terre trouverait son équilibre dans le nivellement de sa surface. Mais, sous l'action des forces souterraines, l'écorce se soulève, se brise et laisse s'échapper par ses fissures des quantités énormes de laves ou de dépôts divers qui viennent se solidifier à sa surface. Il faut reconnaître cependant que, de nos jours, l'effet de la dynamique interne est relativement faible [1].

Les différentes manifestations peuvent se ramener

---

1. Voici les chiffres d'un intéressant tableau dressé par M. de Lapparent et dans lequel sont calculées d'une façon approximative l'action de la dynamique externe et la réaction de la dynamique interne, relativement au travail d'unification du globe.

La masse des reliefs continentaux équivaut à un plateau d'une à trois types : les **volcans,** les **sources thermales** et les **tremblements de terre.** Avant d'entrer dans l'exposé et l'explication de ces différents phénomènes, il est important d'en examiner les causes générales que nous avons désignées sous le nom d'*énergie calorifique du noyau terrestre.*

On donne le nom de GÉOTHERMIQUE à l'étude de ces conditions calorifiques intérieures de notre globe.

ARTICLE PREMIER

Géothermique.

FAIBLE CONDUCTIBILITÉ CALORIFIQUE DU SOL. — Les causes de la dynamique externe sont faciles à saisir parce qu'elles se prêtent à l'observation directe. Il n'en est pas de même de l'activité interne où nos observations sont très limitées.

hauteur de 700 mètres et d'une surface totale de 146 kilomètres carrés.

L'apport annuel des fleuves à la mer est de 10 kilomètres cubes et demi.

L'usure des vagues représente 1/20 du chiffre précédent.

L'action dissolvante des eaux enlève annuellement 5 kilomètres cubes.

Soit une ablation totale de 16 kilomètres cubes de matériaux qui annuellement vont prendre la place des eaux et les forcer à élever leur niveau le long des côtes.

Cette élévation des eaux s'ajoutant à la diminution du plateau apporte une différence de 155 millièmes de millimètres dans l'émergement du plateau.

En divisant 700 mètres par cette différence, on trouve qu'il faudrait 4 millions et demi d'années pour détruire les continents en faisant disparaître tout relief.

La dynamique interne réagit contre cette destruction par un apport de 1/6 de kilomètre cube par an.

Nous allons résumer l'ensemble de ces observations, et nous verrons ensuite à quelle hypothèse elles conduisent presque nécessairement.

On a constaté que le sol est très mauvais conducteur de la chaleur, et qu'à une faible distance de la surface les variations de la température extérieure se font sentir très lentement et très difficilement. A une certaine profondeur, qui change selon la latitude, ces variations n'ont plus aucune influence : la température y est toujours égale et représente à peu près la température moyenne du lieu. Dans nos régions, c'est vers 10 mètres de profondeur que l'on peut rencontrer une température invariable, et cette température est d'environ 10 degrés centigrades.

DEGRÉ GÉOTHERMIQUE — Or, si l'on descend plus bas, on constate que la température commence à augmenter et qu'elle augmente toujours en raison directe de la profondeur.

Les puits artésiens, par exemple, fournissent une eau d'autant plus chaude qu'elle vient d'une plus grande distance de la surface terrestre. On a pu établir que pour ces puits le thermomètre montait de 1 degré centigrade pour 30 mètres environ. Cette distance qu'il faut franchir pour que le thermomètre monte d'un degré est appelé DEGRÉ GÉOTHERMIQUE. La valeur de ce degré n'est pas partout la même. Dans les mines elle est beaucoup moins régulière que dans les puits artésiens. Elle varie selon la nature des terrains, leur altitude, leur état géologique. Nous verrons tout à l'heure que cela n'offre rien de surpre-

nant. Mais la moyenne des nombreuses observations
recueillies jusqu'ici lui donne une valeur d'environ 35
mètres.

LE NOYAU FLUIDE. — Nous ne pouvons douter
que cette augmentation de chaleur ne continue à
progresser au delà des profondeurs observées. Alors,
à 3,500 mètres au-dessous du sol, la température sera
celle de l'eau bouillante ; à 35 kilomètres, celle de la
fusion de l'argent ; à 70 kilomètres, celle de la fusion du
platine. Or, 70 kilomètres, ce n'est pas beaucoup plus
de la centième partie du rayon terrestre. Au-dessous
d'une croûte solide d'une épaisseur relativement faible, il ne pourrait donc exister à l'intérieur du globe
qu'un immense noyau de matières fondues, d'une
température excessivement élevée, dernier reste de la
masse ignée dont aurait été formée notre planète à
l'origine. Ce serait ce noyau fluide, où le fer entrerait
dans une proportion notable, dont la chaleur se com-
muniquerait lentement à travers les couches refroidies de la surface ; ici très peu, là plus facilement,
selon la nature des couches, selon le mode de formation de la croûte, selon les fissures et les autres accidents qu'elle peut présenter.

Ce serait aussi ce noyau fluide dont l'influence se
ferait sentir dans les volcans et les autres manifestations de la dynamique interne que nous allons examiner. La dynamique interne pourrait alors se définir :
*l'action produite sur l'écorce solide, sous l'influence du
refroidissement progressif de la masse ignée qui constitue le noyau terrestre.*

ARTICLE SECOND

Volcans.

EXPOSÉ DES PHÉNOMÈNES VOLCANIQUES.
— Un volcan est une ouverture profonde ordinairement située au sommet d'une montagne et par laquelle des matières brûlantes provenant de l'intérieur du globe sont projetées avec violence à la surface.

On distingue dans un volcan la *cheminée*, conduit
par lequel montent les matières rejetées, et le *cratère,*
qui surmonte la cheminée et offre à l'intérieur l'aspect évasé d'une coupe. — L'activité d'un volcan
n'est pas incessante. Pendant des années entières et
plus longtemps encore, il pourra ne rejeter que des
vapeurs d'eau et des gaz qui couvrent le volcan d'un
panache de fumée.

Puis, subitement, des secousses violentes ébranlent le sol aux environs, des détonations se font en-
tendre à l'intérieur, les vapeurs sortent plus abondamment entraînant avec elles des matières plus
denses : le volcan entre en éruption.

La colonne de vapeurs s'élève tout droit, avec une
vitesse inouïe jusqu'à des hauteurs considérables,
pour s'étaler ensuite en un nuage sombre. Des fragments plus ou moins volumineux de roches incan-
descentes s'en échappent et retombent sur les bords
du cratère. Les parcelles plus petites, désignées sous
le nom de CENDRES VOLCANIQUES, accompagnent les va-

peurs à de très grandes distances. Elles sont quelquefois en quantité si abondante qu'elles obscurcissent le
ciel sur une vaste étendue, et, dans les endroits où
elles tombent, elles peuvent former sur le sol une
épaisseur de plusieurs mètres. Lorsque les vapeurs
se condensent et tombent en même temps, elles forment avec les cendres des lacs de boue capables
d'engloutir des villes entières. Herculanum et Pompéï
furent ainsi ensevelies sous la boue et les cendres,
lors d'une éruption du Vésuve, en l'an 79.

Mais ce n'est pas encore là l'éruption dans toute
son intensité. Bientôt le cratère s'emplit et déborde
de matières fondues qui coulent en fleuves de feu sur
les flancs de la montagne. Ce sont les LAVES. Souvent,
sous la pression de l'immense colonne liquide qui
remplit la cheminée, et à la suite des explosions violentes qui se produisent à l'intérieur du volcan, les
parois de la montagne se fendent et s'entrouvrent :
les laves se frayent de nouveaux passages et vont sortir et se solidifier loin du principal cratère. Ces laves
sont de nature assez variable, mais toutes sont formées en majeure partie de *silice* et beaucoup contiennent une notable proportion d'*éléments ferrugineux*.
L'écume qu'elles produisent en coulant constitue la
PIERRE PONCE.

En outre des vapeurs d'eau qui forment le *panache*
d'un volcan, les éruptions de laves sont ordinairement accompagnées et suivies d'émanations gazeuses
auxquelles on a donné le nom de FUMEROLLES. Ces
fumerolles se composent d'abord principalement de
vapeurs de sel marin qui se dégagent de la lave en

fusion ; puis, vers la fin de l'éruption, ou même longtemps après, on voit sortir des fentes de la montagne
volcanique des vapeurs chargées d'acide chlorhydri-
que, d'acide sulfhydrique et d'acide carbonique. Les
émanations d'acide carbonique prennent le nom particulier de MOFETTES.

La coulée de laves produite par une éruption de
volcan peut atteindre des proportions considérables.
Un volcan des îles Hawaï, en Océanie, possède un
cratère de plus d'une lieue de diamètre, dans lequel
s'agitent perpétuellement des vagues de feu qui le
font ressembler à un lac infernal.

Dans une seule éruption, il a vomi jusqu'à cinq
millions et demi de mètres cubes de laves. La coulée
avait 60 kilomètres de longueur sur une largeur de
25. En 1783, la coulée du Jockul, en Islande, fut plus
considérable encore et atteignit un volume à peu près
égal à celui du Mont-Blanc.

Les volcans peuvent se rencontrer sous tous les
méridiens et à n'importe quelle latitude ; mais on a
remarqué que généralement ils se trouvent à une
assez faible distance de la mer. Les volcans actuels,
au nombre d'une trentaine, se trouvent surtout autour de l'Océan Pacifique. Sur le même pourtour, on
compte également un grand nombre de volcans éteints.
Aussi certains géologues ont-ils regardé la mer comme
un des principaux agents des phénomènes volcaniques.

Une remarque plus intéressante encore, c'est qu'ils
se trouvent toujours sur une des grandes lignes de
dislocation de la croûte terrestre, aux endroits où

visiblement le sol a été brisé sur une longue étendue en donnant naissance à une chaîne de montagnes continentales ou sous-marines. Les cratères sont surtout nombreux dans le voisinage des intersections de plusieurs grandes brisures. Jamais ils ne se rencontrent dans les régions plates ni auprès des mers sans profondeur. Cette observation est importante pour l'étude des causes volcaniques.

EXPLICATION DES PHÉNOMÈNES VOLCANIQUES. — Si l'on admet l'hypothèse d'après laquelle la terre, après avoir été une masse brillante de minéraux en fusion, aurait actuellement une croûte solidifiée d'une épaisseur d'un petit nombre de kilomètres remplie d'un noyau de matières encore liquides, il devient facile de comprendre le fonctionnement des phénomènes volcaniques. La chaleur de cette masse centrale, rayonnant à travers les couches de l'enveloppe solide, va sans cesse en diminuant. Le noyau, sous l'influence de ce refroidissement, se contracte et diminue de volume : les parties disloquées de la croûte, n'étant plus soutenues, s'affaissent. Sous leur pression inégalement répartie, une partie des matières liquides est refoulée dans les fissures et tend à sortir à la surface.

Mais en même temps, de ces matières se dégagent des gaz abondants. Lorsque, en effet, le globe tout entier était à l'état incandescent, les couches liquides superficielles durent absorber, comme ont la propriété de le faire les métaux en fusion, une partie notable des gaz dont se composait l'atmosphère épaisse de cette époque. En se refroidissant elles laissent maintenant s'échapper ces gaz qui s'accumulent à certains endroits de la surface liquide, dans les crevasses de là croûte solide, et, s'y trouvant emprisonnés, y acquièrent bientôt une tension puissante. Lorsque la tension est trop forte, des explosions se produisent, et l'on entend ces bruits souterrains, signes d'une éruption prochaine. Les violentes secousses imprimées par ces détonations achèvent d'ouvrir les fentes où déjà les liquides intérieurs s'étaient engagés. Un passage se fraye jusqu'à la surface du sol, par où sortiront, avec une vitesse d'autant plus grande que la tension était plus forte, les gaz, les débris de roches plus ou moins fondues arrachés le long des parois, l'eau rencontrée dans certaines fissures et brusquement vaporisée, enfin la lave, portion du noyau liquide déjà refoulée par la pression de certaines parties de l'écorce dans les interstices des brisures.

Après ce dégagement plus ou moins considérable de matières gazeuses, solides et liquides, l'équilibre intérieur se rétablit pour un temps, les orifices se bouchent presque complètement, laissant à peine s'échapper quelques vapeurs ; jusqu'à ce que de nouvelles accumulations de gaz à haute pression déterminent d'autres explosions et amènent une éruption nouvelle.

ARTICLE TROISIÈME

Sources thermales.

Les sources ordinaires fournissent des eaux d'une température à peu près égale à la température moyenne du lieu, parce que les nappes d'infiltration qui les alimentent sont à une profondeur peu considérable. Mais il en est d'autres, qu'on appelle *sources thermales* ou *sources chaudes,* dont la température est bien plus élevée et dont les eaux contiennent une proportion notable d'éléments étrangers en suspension. De ce nombre sont les SOURCES THERMOMINÉRALES proprement dites, les GEYSERS et les SOLFATARES. La chaleur de ces sources est alimentée par le foyer intérieur, d'une manière directe ou éloignée, et, à ce titre, elles relèvent de la dynamique interne aussi bien que les volcans, avec lesquels elles ont par ailleurs une grande connexion.

SOURCES THERMOMINÉRALES. — Les *sources thermominérales* sont, parmi les sources chaudes, celles qui ont peut-être le moins de rapport avec les manifestations volcaniques. Il est bon de remarquer cependant que toutes sont dans le voisinage d'un massif volcanique soit en activité, soit éteint ; ou tout au moins dans les montagnes et se reliant par conséquent aux grandes cassures du sol. Les sources de Vichy, par exemple, ainsi que celles de la Bourboule, du Mont-Dore, de Bourbon-l'Archambault se rattachent aux dislocations du Plateau Central. Les plus éloignées de tout centre volcanique connu coïncident presque toujours avec des affleurements de roches éruptives.

Des eaux d'infiltration, peut-être les eaux de quelque rivière souterraine, rencontrant une fissure, ont pénétré jusqu'à une grande profondeur, se sont introduites quelquefois dans une de ces fentes volcaniques par où se dégagent des vapeurs acides. Après s'être échauffées là, elles sont remontées par d'autres fissures dont les ouvertures, souvent très éloignées, se trouvent à un niveau moins élevé que celle par où elles étaient descendues. Mais en remontant, grâce à leur température élevée, grâce peut-être aussi aux acides dont elles se sont chargées dans les fentes volcaniques, elles attaquent, dissolvent, décomposent les terrains qu'elles traversent, et arrivent au dehors avec des sels de chaux, de soude, du soufre, du fer, de l'acide carbonique, etc. Selon les principes minéraux qu'elles contiennent, elles sont dites *calcaires, sulfureuses, ferrugineuses, gazeuses, etc.*

GEYSERS. — Les *geysers* diffèrent des sources thermominérales en ce que leur dépendance des phénomènes volcaniques semble plus accentuée. L'eau des geysers, très chaude, ne sort que par intermittence et est projetée en l'air à une hauteur parfois considérable. Elle contient beaucoup de silice, empruntée aux roches profondes du sol. Quelquefois, cependant, quand elle traverse, en remontant, des terrains calcaires, elle les dissout et les entraîne pour les déposer au dehors en couches qui portent le nom de TRAVERTINS. La *fontaine incrustante* de Saint-Allyre, près de Clermont-Ferrand, a sous ce rapport une grande analogie avec les geysers calcaires. Elle dépose dans le fond de son lit et sur tous les objets qu'on y plonge une couche pierreuse qui durcit très vite à l'air.

SOLFATARES, SOUFFLARDS, SALSES. —

Les *solfatares* sont des dégagements plutôt gazeux que liquides. Ils rejettent de la vapeur d'eau contenant des gaz sulfureux en grande quantité ; de là leur nom de solfatares ou *soufrières*. Ce sont en quelque sorte des *fumerolles* continuant l'action volcanique longtemps après que les éruptions laviques ont pris fin.

Aux solfatares on peut joindre les SOUFFLARDS ou *suffioni* dont les vapeurs contiennent de l'acide borique, les SALSES, ordinairement moins chaudes, qui dégagent des carbures d'hydrogène et nous fournissent le pétrole, et enfin les MOFETTES dont nous avons déjà parlé.

ARTICLE QUATRIÈME

Tremblements de terre.

EFFETS DES TREMBLEMENTS DE TERRE.

— On désigne sous le nom de *tremblements de terre* certains mouvements du sol, qui ne durent ordinairement que quelques secondes, mais qui sont parfois d'une grande violence et entraînent des conséquences

considérables. En l'année 1755, un tremblement de
terre épouvantable détruisit la ville de Lisbonne et fit
30,000 victimes. En 1783, une suite de tremblements
de terre eurent lieu en Calabre. Le sol s'ouvrit en
immenses crevasses, s'éleva en certains endroits pour
s'affaisser ailleurs; les sommets de quelques montagnes s'effondrèrent dans les vallées voisines. Qua-
rante mille personnes y périrent. En 1883, l'île d'Ischia,
près du golfe de Naples, fut secouée par un tremblement de terre qui en moins de 10 secondes détruisit
1,200 maisons et causa la mort de 2,300 personnes. La
côte du Chili, en 1835, se trouva subitement élevée
d'environ 1 mètre sur une longueur de plusieurs
kilomètres. Ce changement de niveau faisant reculer
le rivage, le territoire chilien en fut augmenté d'une
superficie presque égale à celle de la moitié de la
France.

Ces vibrations du sol sont ordinairement accompagnées de bruits souterrains assez semblables aux
roulements du tonnerre ; et elles se font sentir souvent sur une très grande surface. Il n'est pas rare que
l'atmosphère même en soit violemment troublée et
qu'il se produise au même moment des brouillards et
des orages subits.

CAUSES DES TREMBLEMENTS DE TERRE.
— Parmi les tremblements de terre, il convient de
ranger à part ceux qui ont un caractère tout local et
qui ont pour cause une sorte d'éboulement plus ou
moins considérable occasionné lui-même par les eaux
d'infiltration. Les nappes d'infiltration, en effet, en

dissolvant et en entraînant avec elles une partie des éléments des terrains qu'elles traversent, peuvent rompre l'équilibre de certains massifs et causer des glissements ou des effondrements subits. Mais ces phénomènes se rattachent à la dynamique externe.

Les éruptions volcaniques, même quand elles n'ont pas toute leur intensité, secouent aussi très souvent et très violemment le sol dans tous les alentours sous l'effort des laves bouillonnantes et des gaz qui font explosion dans les profondeurs du volcan.

Mais il est d'autres tremblements de terre, précisément les plus importants et les plus étendus, qui ne peuvent être attribués à l'une ni à l'autre des deux causes précédentes. Ils semblent plutôt être de la nature spéciale des phénomènes *orogéniques,* et être la continuation très affaiblie des grandes secousses qui, sur des centaines de lieues, ont brisé l'enveloppe solide du globe, et des grands soulèvements qui les ont accompagnées en donnant naissance aux différentes chaînes de montagnes. Les brisures et les secousses actuelles ne paraissent pas cependant traverser toute l'épaisseur de la couche solide. On a même pu calculer que la profondeur des ébranlements ne devait pas dépasser en moyenne une vingtaine de kilomètres. Il n'est pas invraisemblable que des gaz, accumulés à la partie supérieure des crevasses intérieures formées depuis longtemps et communiquant avec le noyau liquide, soient par leur tension trop forte et leur explosion soudaine la cause la plus fréquente des tremblements de terre. Les tremblements de terre seraient donc en quelque sorte comme des volcans avortés, sans aucun dégagement extérieur, imprimant au sol, pour cette raison même, des vibrations d'autant plus énergiques et plus étendues.

DÉPLACEMENT LENT DES LIGNES DE RIVAGE. — On a constaté en plusieurs points du globe des exhaussements et des affaissements du sol, qui ne se font point par brusques secousses mais n'en amènent pas moins, en quelques endroits, des changements importants du littoral. Le Sud de la Scandinavie est peu à peu envahi par la mer, tandis qu'au Nord son sol se relève et les eaux se retirent. En France, la mer recule sur les côtes de Fréjus et d'Aigues-Mortes, tandis que le Cotentin et la Flandre s'abaissent.

On peut voir dans quelques-uns de ces phénomènes une action particulière de la dynamique interne remuant peu à peu, par des oscillations lentes et continues, de vastes portions de l'enveloppe terrestre.

Mais il est probable que, dans la majorité des cas, la cause de ces modifications est absolument externe. Il n'y a rien d'étonnant, par exemple, à ce que le sol de la Flandre et de la Hollande, formé d'alluvions, se tasse insensiblement et baisse de niveau par rapport aux eaux de la Manche. En d'autres régions, la violence des marées, qui entraînent les couches superficielles du rivage, suffit à expliquer l'envahissement progressif de la mer. Ailleurs, au contraire, des alluvions mal observées, ont pu faire croire à un exhaussement naturel du sol primitif lui-même.

D'autre part, il est bon de remarquer que l'océan n'a pas partout ni toujours un niveau uniforme. Cer-

taines mers, alimentées dans de grandes proportions
par les glaces polaires, sont moins salées, moins denses,
et, en vertu du principe des vases communiquants,
doivent avoir en conséquence un niveau plus élevé.
D'autres influences peuvent encore faire varier le
niveau de certaines régions marines et faire croire à
un changement d'altitude du sol, lorsque celui-ci
cependant ne bouge point.

DEUXIÈME PARTIE

PHENOMÈNES ANCIENS

Géologie proprement dite.

Les faits géologiques anciens sont tous ceux qui ont eu lieu avant l'apparition de l'homme et à la suite desquels la surface du globe est devenue à peu près exactement ce qu'elle est encore à l'heure actuelle. L'étude de ces phénomènes embrasse donc toute la série des couches minérales dont la superposition forme l'épaisseur de la croûte terrestre et dont la juxtaposition amène cette variété de terrains que nous pouvons remarquer partout. Classer ces différents terrains dans leur ordre chronologique et géographique, indiquer la nature et les caractères qui permettent de les reconnaître et de les spécifier, c'est le but de la géologie proprement dite.

Au point de vue de leur structure et de leur origine, les terrains peuvent se diviser en deux classes distinctes. Les uns, *de formation massive et de structure cristalline*, sont dus à l'influence de l'*énergie interne* du globe ; les autres, *de formation stratifiée*, c'est-à-dire disposés par couches successives, sont évidemment le produit des *agents extérieurs* et principalement des eaux.

On donne généralement aux premiers le nom de terrains éruptifs ou de ROCHES CRISTALLINES, et aux autres le nom de terrains sédimentaires ou ROCHES DE SÉDIMENTATION.

Entre ces deux sortes de terrains se place une troisième qui tient à la fois de la forme cristalline et de la forme stratifiée et dont l'origine est encore assez mystérieuse. Souvent rattachées aux roches d'origine ignée sous le nom de ROCHES CRISTALLOPHYLLIENNES ou de TERRAINS PRIMITIFS, ces roches sont plutôt rangées aujourd'hui parmi les roches sédimentaires et constituent les terrains Archéens.

Nous réunirons cependant dans un même chapitre, à cause de leur grande connexité, les *roches cristallophylliennes* et les *roches éruptives,* quelquefois appelées ensemble *roches ignées.* Aussi bien notre Berry n'offre-t-il que de rares massifs de roches éruptives disséminés au milieu des terrains Archéens qui couvrent le Sud de la province.

Les *terrains sédimentaires* ont été partagés depuis longtemps en quatre grands GROUPES et appelés d'après leur rang chronologique : terrains Primaires, terrains Secondaires, terrains Tertiaires, terrains Quaternaires. Chaque groupe se compose de plusieurs SYSTÈMES souvent divisés en SÉRIES. Les séries comprennent un certain nombre d'ÉTAGES où l'on distingue encore des *sous-étages,* des *assises,* des *zones* et enfin des *couches, lits* ou *strates.* Le temps pendant lequel s'est formé un *groupe* entier de roches est nommé une ÈRE, le temps de formation d'un *système* s'appelle une PÉRIODE, celui d'un *étage,* une ÉPOQUE, et celui d'une *assise,* un AGE.

Le but de cette seconde partie est d'examiner successivement toutes ces divisions, de mentionner les principaux caractères lithologiques, les fossiles les plus caractéristiques qui se rapportent à chacune, et de signaler au fur et à mesure, d'une manière générale les régions de la France, d'une façon plus détaillée les localités du Berry dans lesquelles on les rencontre [1].

1. L'examen approfondi de la Carte du Berry dessinée spécialement pour cet ouvrage facilitera beaucoup l'étude de cette Seconde Partie, pourvu que l'on remarque qu'une carte géologique ne peut indiquer que les assises supérieures, celles qui *affleurent,* celles qui apparaîtraient nettement à la surface si l'on enlevait la mince *couche arable* principalement formée de débris organiques, qui recouvre partout la *couche d'affleurement.* L'observation de la carte fait connaître l'époque relative à laquelle les diverses roches se sont formées et sont venues s'ajouter aux continents déjà existant, sans rien préciser de leur nature intime, ni du plus ou moins grand nombre de roches sous-jacentes qui se sont déposées au fond des eaux et qui n'ont point émergé à la surface.

CHAPITRE PREMIER

TERRAINS ARCHÉENS
ET TERRAINS ÉRUPTIFS

FORMATION DE LA PREMIÈRE CROUTE TERRESTRE. — Lorsque les éléments éthérés de la nébuleuse terrestre se condensèrent en un liquide brûlant, il formaient déjà un grand nombre de substances chimiquement distinctes, différenciées par le mode de groupement des atomes et la variété des combinaisons. Les substances les plus lourdes, comme le fer et la plupart des métaux, occupaient le centre et les plus légères étaient à la périphérie. Or, parmi ces matériaux légers étaient principalement la SILICE ou oxyde de *silicium* et, avec elle, des oxydes d'ALUMINIUM, de POTASSIUM, de SODIUM, de CALCIUM et même de *fer* et de *magnésium*. Autour de la sphère liquide, une quantité énorme d'autres matières se tenaient encore à l'état gazeux : parmi elles, l'hydrogène et l'oxygène qui composent maintenant toute l'eau des mers et des fleuves, l'acide carbonique fixé aujourd'hui dans les matières organiques et dans le sol, des chlorures, des bromures, etc. Ces gaz formaient une atmosphère chaude et épaisse d'une puissance 3 à 400 fois supérieure à celle de l'atmosphère actuelle.

Ce fut au contact et sous la pression de cette atmosphère que l'*écume siliceuse* qui flottait à la surface se
solidifia lentement en petits cristaux de composition
variée et que ces cristaux s'agglutinant constituèrent
la *première écorce solide* du globe. La formation de
cette première écorce ne se fit pas sans des accidents
et des bouleversements considérables. Il est évident
que les matières siliceuses en passant à l'état solide
augmentaient de densité et devaient s'enfoncer dans
le liquide qui les portait, se brisant et se modifiant
d'une façon plus ou moins sensible. A peine ces
matières solidifiées eurent-elles enfin réussi à couvrir
toute la surface du globe d'une croûte unique, que,
le rayonnement de la chaleur interne ne se faisant
presque plus sentir à travers ces matières peu conduc-
trices, l'atmosphère se refroidit sensiblement, l'hydrogène et l'oxygène se combinèrent en vapeurs qui ne
tardèrent pas à se résoudre en pluies torrentielles.
Grâce à leur haute température et aux principes
chimiques abondants qu'elles entraînaient avec elles,
ces pluies durent apporter dans la constitution des
roches primitives des modifications notables en dissolvant ou désagrégeant les parties superficielles.

D'un autre côté, le noyau intérieur continuant à se
condenser, l'enveloppe solide, devenue trop ample,
se plissait et se brisait suivant les lignes de moindre
résistance. Certaines parties, s'affaissant sur le liquide
igné, le forçaient par leur pression à remplir les
cavités formées par les replis saillants de l'écorce, à
pénétrer à travers les fissures jusque dans les endroits
les plus élevés et même à se répandre et à se solidifier

au dehors, pour constituer ainsi les premières roches éruptives. Des gaz abondants, que les liquides avaient dissous et qu'ils abandonnaient en se refroidissant, cherchaient à se dégager et augmentaient l'instabilité du sol.

Quelle fut la part de chacune de ces influences sur la constitution définitive des roches archéennes ? L'état actuel de la science ne permet pas de le préciser ; et alors que certains géologues voient dans les roches archéennes le résultat direct de la cristallisation primitive des liquides superficiels, d'autres n'y veulent pas reconnaître autre chose que des roches sédimentaires, les plus anciennes en date, ayant subi un changement métamorphique. (On donne le nom de MÉTAMORPHISME à toute modification survenue dans la constitution d'une roche après sa formation, sous l'influence de la chaleur, de la pression, ou d'une cause chimique quelconque.)

Quoi qu'il en soit, il est remarquable que les roches archéennes, d'apparence presque exclusivement sédimentaire à la partie supérieure, perdent, en se rapprochant de la région interne, leur aspect stratiforme et prennent peu à peu une structure massive qui les fait confondre facilement avec les roches d'éruption.

CONSTITUTION ÉLÉMENTAIRE DES ROCHES CRISTALLISÉES. — Par tout le globe on rencontre des roches cristallines ou des roches cristallophylliennes, soit à la surface du sol, soit, si l'on creuse assez, par dessous les couches sédimentaires non modifiées. Ces roches cependant n'offrent pas toujours le même aspect ni la même composition. Au surplus, si l'on examine de près un fragment quelconque on s'aperçoit aisément que, loin d'être formées d'une substance unique et homogène, elles sont au contraire généralement constituées d'une foule de cristaux plus ou moins gros, de nature très variable. Chacun de ces cristaux est un composé chimique particulier.

Les principaux de ces éléments sont : le QUARTZ, formé de silice plus ou moins pure qui a cristallisé séparément. (Le *cristal de roche* est une belle variété de quartz) ; le FELDSPATH dans lequel la silice est combinée à l'aluminium avec un peu de potassium, de sodium et de calcium ; et le MICA où ces deux dernières substances sont remplacées en d'autres proportions par du fer et du magnésium. On peut joindre à ces trois types : l'*amphibole*, la *chlorite*, le *pyroxène* et le *péridot* qui sont également des *silicates* plus ou moins complexes.

C'est l'absence ou la présence en plus ou moins grande proportion de ces substances fondamentales, ainsi que la dimension et la disposition des cristaux, qui servent à différencier et à classer les roches ignées soit archéennes, soit éruptives.

ROCHES ARCHÉENNES. — Tantôt, en effet, dans les premières, le *quartz* et le *feldspath* sont cristallisés en couches minces au-dessous d'une couche plus sombre de *mica*, et alors, toute la roche alternativement zébrée de tranches noires et blanches présente l'aspect rubané caractéristique des **gneiss**. Tantôt le *quartz* et le *mica* se sont mêlés seuls en lames minces et forment ainsi les **micaschistes**. Ailleurs, le *quartz* et le *feldspath* produisent la LEPTYNITE. La *chlorite* et l'*amphibole*, se mélangeant au *quartz* et prenant aussi une structure lamellaire, donnent naissance aux CHLORITOSCHISTES et aux AMPHIBOLOSCHISTES.

Les *gneiss* semblent représenter la forme normale de la cristallisation archéenne. Ils constituent avec les *micaschistes* la majeure partie des terrains cristallophylliens. Dans les parties les plus profondes, les gneiss ont une structure plus massive, plus semblable à celle que nous reconnaîtrons dans les terrains d'éruption et principalement dans les *granites* ; à la partie supérieure, ils prennent insensiblement cet aspect lamellaire et stratiforme qui caractérise les différents schistes. Souvent il est impossible de préciser à quel point une roche cesse d'être gneiss pour devenir micaschiste. La même difficulté se rencontre fréquemment pour séparer certains schistes cristallins des premiers schistes sédimentaires.

ROCHES ÉRUPTIVES. — Ce qui distingue les roches d'éruption des roches cristallophylliennes, c'est surtout l'aspect plus ou moins *feuilleté* qui a valu leur nom à ces dernières. Mais leur composition chimique où domine toujours l'acide silicique, leur distribution géographique — au moins d'une façon générale — tout les rattache les unes aux autres. Si surtout l'on considère la composition des roches éruptives les plus anciennes, à peine y trouve-t-on un peu plus de carbone et de fer que dans les roches métamorphiques auprès desquelles elles se sont solidifiées et avec lesquelles elles ont plus ou moins échangé leurs éléments.

On divise ordinairement les roches éruptives en deux séries : la série ancienne et la série moderne. La série ancienne comprend comme types principaux les **granites** et les **porphyres**, roches entièrement composées de cristaux et solidifiées durant la période Archéenne ou les premières périodes qui suivirent. La série moderne renferme surtout des **trachytes**, type de roche où de tous petits cristaux sont noyés dans une pâte amorphe, des **basaltes** qui datent pour la plus grande partie de l'ère Tertiaire, et des **laves** fournies par les éruptions volcaniques récentes [1].

En dehors du GRANITE proprement dit, où l'on distingue le *granite à grain fin*, le *granite à amphibole*, le *granite pegmatoïde*, etc., les principales roches à texture granitoïde sont la GRANULITE, où le quartz est en petits grains isolés et où le mica, au lieu d'être noir, comme dans le granite ordinaire, est souvent d'un blanc d'argent, la MICROGRANULITE, la PEGMATIQUE, sorte de granulite à très grand cristaux, la TOURMALINE qui contient du fluor et de l'acide borique, et la DIORITE où l'amphibole est associée à un feldspath blanc. Aux roches éruptives se rattachent également les FILONS MÉTALLIFÈRES. Nous avons vu que, à l'époque actuelle, par les crevasses profondes causées par les dislocations antérieures, des vapeurs, des eaux chaudes, des gaz s'échappent, quelquefois très chargés d'éléments

---

1. Au point de vue chimique, les minéralogistes divisent les roches cristallisées en *roches acides*, *roches basiques* et *roches neutres*, selon la proportion d'acide silicique qu'elles renferment.

minéraux dont ils déposaient une partie sur leur chemin. C'est ce même phénomène, produit autrefois dans des circonstances plus favorables et avec une puissance plus grande, grâce à la température encore très élevée de tout le globe, qui donna les filons métalliques de nos jours exploités dans les mines Des vapeurs issues de l'intérieur amenèrent avec elles des oxydes et des sels de *plomb*, de *cuivre*, d'*étain*, d'*argent*, etc. En pénétrant dans les roches de la surface, refroidies depuis longtemps, elles durent déposer ces éléments métalliques ainsi que les éléments pierreux qu'elles avaient également dissous : *quartz*, *fluor*, *baryte* ou autres. Ces dépôts pierreux qui accompagnent les filons sont appelés *gangues*.

Enfin, on peut mentionner ici le GRAPHITE, autrement appelé *plombagine* ou *mine de plomb*, carbone presque pur, d'une origine assez incertaine. Tandis que certains dépôts de graphite sont, selon toute vraisemblance, des sédiments organiques modifiés par métamorphisme, d'autres paraissent avoir une allure nettement filonienne et éruptive.

RÉPARTITION DES ROCHES IGNÉES EN BERRY. — Les **roches cristallophylliennes** se rencontrent avec le granite sur presque toutes les régions élevées. Elles formaient probablement, dès la période Archéenne, un continent assez vaste en Canada, vers la région du lac Huron (*continent Huronien*). En France, les roches ignées affleurent dans presque tout le *Plateau Central*, en y comprenant le Morvan d'un côté et les Cévennes de l'autre comme dépendances. Elles forment aussi deux bandes qui courent le long de la *Péninsule armoricaine*, l'une de Brest à Saint-Malo, l'autre qui part de Douarnenez (Finistère) pour s'élargir au Sud-Est et couvrir la Vendée. Les gneiss se trouvent encore en abondance dans les *Vosges* et les *Pyrénées*.

A différentes époques géologiques, les roches du Plateau Central ont été largement brisées et injectées de matières éruptives.

Toute la partie méridionale du BERRY, celle qui confine au Bourbonnais depuis Vesdun et à la Marche jusqu'à Saint-Benoit du Sault et Bonneuil, appartient aux derniers contreforts du Plateau Central et est comme lui de formation archéenne. Elle forme une bande longue d'environ 80 kilomètres de l'Est à l'Ouest, et d'une douzaine de kilomètres de largeur moyenne. Les MICASCHISTES, le type dernier et le plus stratiforme des roches cristallisées, y dominent, comme il est naturel sur ces confins des continents primitifs. Ils affectent diverses formes, se mêlant et se confondant souvent avec les GNEISS et les AMPHIBO-LITES.

Celles-ci forment quelques bancs étroits dans la vallée de la Creuse et au Sud de Lourdoueix (le Petit Plaix, les Gouttes). Des bancs de QUARTZITES blancs et rosés, se divisant en plaquettes, se rencontrent à l'Est de Saint-Denis de Jouhet (les Mousseaux). Au Sud-Est de la Buxerette (l'Auzonais) sont au contraire des bancs de quartzites noirs et compacts).

Sur une épaisseur parfois considérable, principalement dans les régions accidentées où l'inclinaison des feuilles de la roche a permis aux pluies de pénétrer plus facilement, les micaschites sont plus ou moins désagrégés et réduits à l'état de *pierre pourrie*.

Les **roches éruptives** n'ont pas eu dans cette région un développement bien important. Cependant on trouve, vers le bord méridional de la bande, c'est-à-dire dans la partie la plus rapprochée du Massif d'Auvergne, des massifs et des filons assez nombreux. Leur formation remonte en général à l'époque des premiers dépôts sédimentaires. Presque tous sont du type granitique.

Le GRANITE A GRAIN FIN est représenté à Vesdun. Le type porphyrique est représenté par un massif de DIORITINE, entre Préveranges et Saint-Priest (Mas-de-Bose). La GRANULITE est plus abondante et forme plusieurs grands massifs, quelquefois en partie recouverts par des roches schisteuses peu épaisses. Le plus considérable se trouve entre Aigurande et Crevant. Vers le Sud-Ouest de Crozon, la granulite affecte une structure pegmatoïde ; auprès de Saint-Benoît du Sault, elle est en quelques endroits à grain fin.

Il convient encore de signaler quelques filons de GALÈNE ARGENTIFÈRE (*sulfure de plomb et d'argent*) accompagnée de *barytine* et de *quartz*, au Sud de Crozon (Montmarçon) et à Urciers (Siouday) ; des traces de minerai de CUIVRE au Sud de Châteaumeillant (Beaumerle) ; enfin du GRAPHITE assez abondant dans les gneiss et les micaschistes entre Lourdoueix et Montchevrier (château de Gâte-Souris, la Fat) ; on en trouve également à Crozon, à Aigurande (Grand Vivier), à Eguzon et à Mouhet.

Le terrain de cette région, manquant de calcaire et gardant toujours un grain appréciable, est assez peu propre à la culture des céréales, ainsi que M. de Lapparent le fait observer d'une manière générale pour les terrains granitiques. » Le châtaignier y croît de préférence et les prairies s'établissent aisément à sa surface, où les parties plates forment des tourbières. »

Cependant l'emploi des phosphates de chaux et autres amendements calcaires permet d'y faire de belles récoltes de froment.

CHAPITRE SECOND

TERRAINS PRIMAIRES

On a donné le nom de *terrains Primaires* aux terrains qui surmontent immédiatement les terrains Archéens et qui, quoique parfois cristallisés, n'en sont pas moins indubitablement d'origine sédimentaire. De plus, contrairement aux terrains que nous avons jusqu'ici examinés, ils contiennent des fossiles.

Parmi les éléments immédiats dont ils se composent, ainsi du reste que les autres roches de sédimentation, on trouve principalement le SILEX, l'ARGILE et le CALCAIRE ; d'où le nom de *roches siliceuses, argileuses* ou *calcaires* dont on se sert parfois pour désigner celles dans la composition desquelles domine ou bien entre exclusivement l'un ou l'autre de ces éléments. Le *silex* est de la silice hydratée et amorphe : l'*argile* est un silicate d'alumine hydraté produit par la décomposition du feldspath ; et le *calcaire* est un carbonate de chaux. Les roches siliceuses se rencontrent le plus souvent à l'état de *sables*, de *galets* ou cailloux, et de *conglomérats* (*grès, poudingues*) ; les roches argileuses fournissent surtout les *argiles* proprement dites et les *schistes* ; les calcaires donnent la *craie*, la *marne*, le *marbre*, etc. Nous reviendrons dans la suite sur la composition et la structure que peuvent présenter les différentes roches.

On divise actuellement le *groupe* des terrains Primaires en cinq *systèmes* : le **Précambrien**, le **Silurien**, le **Dévonien**, le **Carboniférien** et le **Permien**.

ARTICLE PREMIER

Système précambrien.

Le système Précambrien, peu répandu, n'offre pas une grande variété de roches. Les dépôts de cette période sont à peu près exclusivement composés d'*argiles schisteuses* bleuâtres, dures et luisantes, appelées PHYLLADES, de GRÈS et de POUDINGUES. Ils renferment aussi quelques *calcaires cristallins* ou MARBRES. On appelle *schistes* des argiles feuilletées et se divisant en plaquettes minces, et *grès* des roches formées de particules de la grosseur des grains de sable agglutinées par une substance le plus souvent siliceuse qui a passé par l'état de pâte plus ou moins fine. Les *poudingues* se composent de morceaux plus gros agglutinés de la même manière.

La *vie organique* avait probablement déjà fait son apparition sur le globe dès le début de la période Précambrienne — et peut-être même dès la période Archéenne. La *flore* cependant n'a laissé aucune trace. Les premiers végétaux étaient sans doute des *Cryptogames vasculaires* : des ALGUES flottant dans l'eau ou des MOUSSES s'étalant sur les rochers. A cause de leur texture sans consistance et du métamorphisme qu'ont subi plus ou moins les roches de cette période, ils auront disparu.

La *faune* n'est représentée dans les phyllades infé-rieurs que par des empreintes fort douteuses appe-lées *Oldhamia* [1] et dans certains grès par des traces de *Vers* non moins problématiques. Mais quand on arrive aux étages supérieurs, schisteux ou gréseux, on trouve des restes d'animaux bien caractérisés : des TRILOBITES et des BRACHIOPODES. Les *Trilobites* com-posent toute une famille de la classe des *Crustacés*. Leur corps était partagé en trois lobes par deux sil-lons longitudinaux. Deux autres sillons les coupaient transversalement. Quelques-uns d'entre eux avaient la faculté de s'enrouler en boule, comme nos Cloportes. Nous les verrons encore représentés à la période sui-vante, puis ils disparaîtront totalement. Les *Brachio-podes,* que nous rencontrerons au contraire à toutes les époques géologiques, étaient représentés à la période Précambrienne par la famille des *Lingules*. Parmi les autres fossiles que l'on trouve encore dans les terrains de cette période sont plusieurs espèces d'*Insectes*.

La période Précambrienne n'a laissé aucun dépôt, dans le Berry. On voit des phyllades dans diverses parties dn Plateau Central, en Bretagne, dans les Vosges et les Pyrénées. Ils y sont souvent associés et mêlés aux schistes archéens et aux gneiss. On cite principalement comme appartenant à ce système les

---

1. On attribue aussi quelquefois ces empreintes à des Algues.

SCHISTES DE RENNES, les PHYLLADES et les POUDINGUES POURPRÉS DE SAINT-LÔ.

Le premier système Primaire était naguère appelé Cambrien, à cause du pays de Galles (*Cambria*) où il était surtout développé. Une partie des terrains compris dans ce système forment actuellement un étage du même nom dans le Silurien, et le nom de Précambrien a été donné à la portion la plus ancienne.

ARTICLE SECOND

Système Silurien.

Le système Silurien offre déjà une plus grande variété d'éléments et de fossiles. Il comprend principalement des SCHISTES contenant du MINERAI DE FER, des CONGLOMÉRATS et des CALCAIRES assez considérables. Ces calcaires, plus ou moins métamorphiques, ont vraisemblablement, comme la plupart des roches de la même espèce, une origine organique analogue à celle des dépôt coralliens actuels.

Ce système comprend trois étages : le CAMBRIEN, l'ORDOVICIEN (Ordovices, ancien tribu du pays de Galles) et le GOTHLANDIEN (île de Gothland, Baltique).

La flore est pauvre encore et n'apparaît guère qu'à la partie supérieure du système où elle est représentée par des *Cryptogames vasculaires* de la famille des LYCOPODIACÉES.

La faune est plus riche et offre un développement considérable. Elle comprend des restes *Graptolites* (POLYPIERS), et plusieurs espèces de *Trilobites* très abondantes (*Ogygies, Calymènes, Trinucles, Paradoxides,* etc.). On a signalé aussi dans les grès armoricains des *Bilobites* : mais ce ne sont probablement que des traces d'animaux imprimées dans la grève molle durcie plus tard.

Les terrains Siluriens occupent tout le Sud-Ouest de l'Angleterre, et c'est en souvenir des anciens habitants de cette région qu'ils ont été ainsi nommés. En France, ils sont très développés dans la Bretagne et le Cotentin où ils forment le GRÈS ARMORICAIN, souvent chargé de carbonate de fer, et le GRÈS DE MAY. Ce sont des schistes siluriens qui fournissent les ARDOISES D'ANGERS.

ARTICLE III

Système Dévonien.

Le Dévonien formé de puissantes couches de *grès* bruns ou rouges, appelés par les Anglais VIEUX GRÈS ROUGE (*old red sandstone*). Les CALCAIRES y prennent aussi une grande extension et y sont souvent cristallisés dans le voisinage des éruptions. Enfin, on y rencontre aussi quelquefois des MARNES. On appelle *marne* une roche tendre composée d'argile mélangée avec une certaine proportion de calcaire (15 à 50 0/0).

La *flore* a déjà quelque peu les caractères de la flore houillère et comprend de nombreuses LYCOPODIACÉES (*Lépidodendrons*) et des FOUGÈRES.

La *faune* est caractérisée par l'apparition des premiers POISSONS, appartenant à la tribu des *Ganoïdes* et dont on trouve des restes nombreux dans les grès. Les MOLLUSQUES y apparaissent également avec la tribu des GONIATITES (classe des *Céphalopodes*) et quelques espè-ces de *Gastéropodes*. Les *Lophostomés* y sont abondam-ment représentés par de nombreux genres de *Brachio-podes* (SPIRIFÈRES, RHYNCHONELLES, PRODUCTES, etc.) que nous verrons encore plus tard. Quelques rares espèces de *Trilobites* s'y rencontrent encore. Enfin, de nom-breux *Polypes* y ont formé des couches calcaires puis-santes.

C'est en Angleterre que se sont formées les assises dévoniennes les plús remarquables ; en particulier dans le Devonshire. De là leur nom. En France, il en existe quelques dépôts en Bretagne et dans les Ardennes. Aux abords du Plateau Central, on en voit non loin de nos limites, à Diou, dans le département de l'Allier.

ARTICLE QUATRIÈME

Système Carbonifèrien.

Le système carbonifèrien est d'une nature assez singulière. Les dépôts de cette période sont très éten-dus et assez variés. Mais ce qui leur imprime un cachet particulier, c'est l'énorme quantité de matières végétales qu'ils renferment et que l'on exploite de nos jours sous le nom de *charbon de terre*. L'anthracite et la *houille* en sont les deux principales formes. L'an-thracite d'ailleurs ne semble pas être autre chose que de la houille qui a subi un commencement de distillation, par suite de la chaleur causée par des boulever-sements postérieurs à sa formation.

Ce système peut comprendre trois étages : le DINAN-TIEN (Dinant, en Belgique), le WESPHALIEN (Westphalie), et le STÉPHANIEN (Saint-Étienne). Ces deux derniers se nomment encore *Moscovien* et *Ouralien*.

Outre le charbon de terre qui forme en général des couches de peu d'épaisseur (0 m. 60 à 1 m. 50), le Carboniférien se compose de CALCAIRES souvent rendus noirâtres par les traces de charbon qu'ils contiennent (*marbres de Flandre*) ou entièrement cons-titués par des débris d'Echinodermes (*calcaires à Crinoïdes*), de GRÈS GROSSIERS où l'on trouve parfois des *cailloux de houille,* et surtout de SCHISTES assez souvent *bitumineux* ou *ferrugineux*.

La *faune* de ce système offre de nouvelles formes animales parmi lesquelles des AMPHIBIENS *Stégocéphales* (BRANCHIOSAURE). On y rencontre comme dans les sys-tèmes précédents des *Mollusques Céphalopodes* et *Gastéropodes ;* des amas de *Polypiers* et de *Foraminifères* y forment dans la partie supérieure d'importantes assises. Mais ce qui caractérise ce système, c'est la prédominance des *Brachiopodes* du genre PRODUCTUS.

La *flore* présente un spectacle unique, non par sa variété mais par son abondance. L'air humide et tiède de cette période était exceptionnellement favorable à la végétation. La proportion considérable de gaz car-bonique qu'il contenait, et qui eût été nuisible aux animaux terrestres, fournissait aux végétaux une ali-mentation très riche. Le soleil, encore à l'état de nébu-leuse, donnait à toute la surface de la terre, avec une lumière sans éclat, un climat uniforme : le jeu des saisons se faisait peu sentir. Les premiers PHANÉROGAMES GYMNOSPERMES fournissent des *Conifères* et des *Cycadées* d'espèces peu variées. Les CRYPTOGAMES, plus nombreux et plus curieux, sont représentés par des *Fougères* gigantesques, des *Lycopodiacées* (LEPIDODENDRONS, CALAMODENDRONS, SIGILLAIRES) qui pouvaient avoir de 20 à 30 mètres de hauteur, des *Equisétacées* (CALAMITES) analogues à nos Prêles mais atteignant facilement une taille de 10 à 12 mètres, enfin des *Algues*, des *Champignons* et des *Mousses* très abondants.

Ces végétaux entraînés, soit dans des lacs, soit dans des anses marines ou dans le delta d'un fleuve par les inondations qui dénudaient les pentes, furent enfouis sous des limons. Une sorte de fermentation, dont le degré et les conditions n'ont pas été partout les mêmes, les a transformés en charbon de terre que l'industrie humaine est bien aise de trouver [1].

Les houilles sont de différentes qualités (*houilles grasses, houilles maigres, houilles à gaz*) selon l'état et la nature des débris qui ont servi à les former : feuilles, écorces, Thallophytes, Muscinées, ou bien troncs entiers de végétaux Vasculaires.

Les dépôts houillers eurent un développement considérable en Angleterre, en Belgique et dans le Nord de la France. Le Plateau Central, qui formait à cette époque une grande île, vit également s'accumuler, sur tout son pourtour, des couches de végétaux et de

---

1. La houille d'ailleurs ne s'est pas formée exclusivement durant la période Carboniférienne. On en rencontre certains dépôts qui sont, les uns plus anciens, les autres plus récents.

limons. Des amas se formèrent même à l'intérieur du Plateau, dans les lacs et les dépressions qui existaient alors : les houilles de Decize et de Commentry, par exemple, eurent ce dernier mode de formation. Les autres exploitations principales sont : le Creusot et Saint-Étienne au Nord-Est ; Decazeville, Carmaux et Graissesac sur le flanc Sud-Ouest.

L'extrême Nord du Plateau, qui n'avait pas reçu ou qui n'a pas conservé de dépôts Précambriens, Siluriens, ni Dévoniens, n'a pas davantage de dépôts houillers. On trouve cependant des grès houillers non loin des limites berrichonnes, sur la rive droite du Cher, en face d'Épineuil, au Sud de Maulne.

ARTICLE CINQUIÈME

Système Permien.

Le système Permien, longtemps réuni au précédent, tire son nom du gouvernement de Perm, en Russie où il est considérablement développé. Il comprend surtout les SCHISTES ROUGES avec minerai de fer, des CONGLOMÉRATS et des GRÈS grossiers de la même couleur. On les distingue du *old red* en les nommant le *nouveau grès rouge.*

Au point de vue paléontologique, ce système est caractérisé par l'apparition des premiers REPTILES ; par des *Amphibiens* à affinités reptiliennes (*Labyrinthodontes*) ; par de nouveaux *Mollusques Céphalopodes :* es AMMONITES, que nous verrons se développer dans toute l'Ère Secondaire. Les Trilobites et les Productes ont, au contraire, à peu près complètement disparu. Le Permien forme ainsi une transition entre les temps Primaires et les temps Secondaires.

Le Permien n'est guère représenté en France qu'aux environs d'Autun et du Creusot et en quelques endroits des Alpes et des Pyrénées.

Il y a quelques années, les géologues rangeaient dans le Permien toute la région du Berry comprise entre le Magny et Saulzais-le-Potier, sur une largeur de deux à trois kilomètres. Un examen stratigraphique plus approfondi de ces terrains les a fait réunir récemment au Trias.

CHAPITRE TROISIÈME

TERRAINS SECONDAIRES

L'Ère Secondaire est caractérisée en Europe par un repos presque complet de l'activité interne. Les éruptions et les dislocations de l'écorce, si nombreuses jusque-là, deviennent très rares. Seuls, des filons métalliques (plomb et baryte principalement) viennent remplir des crevasses précédemment ouvertes.

Les couches sédimentaires comprises dans ce groupe sont au contraires remarquables par leur étendue et leur variété. Elles sont formées surtout de CALCAIRES (calcaires bleus, calcaires oolithiques), d'ARGILES et plus rarement de *sables*.

La *faune,* qui ne se composait à peu près dans les terrains Primaires que de Brachiopodes et de quelques Poissons, voit dominer maintenant les **Ammonites,** *Mollusques Céphalopodes.* Les premiers **Reptiles** apparaissent, gigantesques et bizarres. Dans les dernières périodes se montrent quelques MAMMIFÈRES inférieurs et quelques espèces d'OISEAUX se rapprochant des Reptiles.

La *flore* comprend surtout, avec les CRYPTOGAMES, qui continuent à prospérer, des PHANÉROGAMES GYMNOSPERMES *(Conifères* et *Cycadées).* Vers la fin, croîtront les premiers ANGIOSPERMES.

Le *groupe* Secondaire se divise en trois grands *systèmes* : le **Triasique**, le **Jurassique** et le *Crétacé* ou **Crétacique**. Les deux derniers renferment chacun un certain nombre de *séries*.

Ce groupe a pour nous une importance particulière, car il comprend la plus grande partie des terrains du Berry.

ARTICLE PREMIER

Système Triasique.

Ce système est ainsi appelé à cause des trois puissantes couches qu'on y reconnaît assez souvent et qui sont connues sous le nom de GRÈS BIGARRÉS, CALCAIRES CONCHYLIENS ou *Muschelkalk* et MARNES IRISÉES ou *Keuper*, Aujourd'hui on le partage plutôt en quatre étages dont les deux premiers équivalent à peu près aux grès bigarrés. Ce sont : le **Werfénien** (Werfen, duché de Salzbourg) encore appelé VOSGIEN, le **Virglorien** (Virgloria, Alpes Rhétiques), le **Tyrolien** (Tyrol) et le **Juvavien** (Juvavo, duché de Salzbourg).

L'ensemble des dépôts triasiques est surtout formé de GRÈS et D'ARGILES de nature et de coloration variées. Les grès présentent souvent la forme d'ARKOSES, sorte de roche composée de grains de quartz et de feldspath et ressemblant assez à du granite. Les argiles sont presque toujours chargées de calcaire et se transforment en MARNES. Ces argiles et ces marnes renferment dans certaines contrées d'abondants dépôts de SEL GEMME et de GYPSE ou pierre à plâtre (sulfate de chaux hydraté). Les calcaires se chargent aussi parfois d'un carbonate double de chaux et de magnésie appelé DOLOMIE.

Les fossiles les plus remarquables de cette période sont des *Reptiles* (DINOSAURIENS, classe aujourd'hui éteinte) et des *Amphibiens* reptiliformes (les LABYRINTHODONTES, dont la classe est également disparue). Parmi ces derniers, on peut citer le *Chirotherium* dont l'empreinte des pas ressemble vaguement à une main d'homme. Les *Mollusques* sont représentés principalement par les CÉRATITES (Céphalopodes).

La végétation n'est plus aussi abondante qu'à l'époque houillère. On rencontre, avec des FOUGÈRES arborescentes, des CONIFÈRES analogues aux Cyprès (*Voltzias*) et des CYCADÉES, plantes dont il existe encore quelques espèces dans les pays chauds. Les Cycadées sont caractérisées par un tronc gros et court au sommet duquel s'étalent en éventail de grandes feuilles analogues à celles des Palmiers.

L'étage inférieur du Triasique forme dans les Vosges des dépôts considérables composés spécialement d'un grès rouge grossier (GRÈS DES VOSGES) qui se change parfois en poudingue.

Il possède une grande épaisseur : à Raon-l'Étape, on lui attribue 500 mètres de puissance.

Dans le Jura, le Trias se rencontre surtout à l'état de marnes bariolées et c'est là qu'il renferme les plus grands dépôts de sel gemme (nous parlons de la France), seul ou associé au gypse.

On retrouve le Trias presque tout autour du Plateau Central. Dans le Bourbonnais, en particulier, ses

RHÉTIEN

HETTANGIEN

SINÉMURIEN

Mytilus

Ostrea irregularis

Gryphea obliquata

LIASIEN

Gryphea regularis

Spiriferina Hartmanni

Spiriferina Walcotti

Waldheimia numismalis

Spirif. rostrata

Waldh. quadrifida

affleurements couvrent de larges surfaces : la forêt de Tronçais est plantée tout entière dans les grès et les marnes triasiques.

Les dépôts triasiques berrichons peuvent être considérés comme des dépendances de ceux du Nivernais et du Bourbonnais. Ils n'offrent guère que deux formations principales : l'une constituée par des *grès bigarrés,* l'autre par des *marnes irisées* comprenant des grès calcaires.

GRÈS BIGARRÉS. (*Étage Vosgien.*) — Les grès bigarrés sont ordinairement argileux ou siliceux, d'une coloration très variable, mais le plus souvent rose, jaune orangé ou lie-de-vin. Leur structure offre également de grandes différences. Devenant quelquefois presque exclusivement argileux, ils constituent des *sables kaoliniques* assez purs pour être employés à la fabrication du verre ou de la porcelaine ; ou, se chargeant simplement de silice, ils donnent naissance à des bancs de *quartzites* ou quartz cariés ; enfin de gros cailloux quartzeux agglomérés dans la masse en font en certains endroits de véritables *poudingues.*

Ils forment un massif à Drevant sur la rive droite du Cher, un autre sur la rive gauche entre La Perche et Epineuil (Ponteux); puis ils se développent plus largement de l'Est à l'Ouest, sur une longue bande de 5 à 6 kilomètres de largeur, qui, partant de Faverdines (le Treuil) et Saulzais, s'incline un peu vers le Sud dans la direction de Saint-Christophe-le-Chaudry, Châteaumeillant, Champillet, descend la vallée de l'Indre jusqu'au Nord de la Châtre et du Magny et, diminuant graduellement d'importance, finit par se perdre à l'Ouest de Fougerolles, près de Mouhers.

Ces grès sont parfois employés comme pierre de taille (Saint-Maur). Ils renferment en plusieurs endroits des gisements métallifères assez intéressants.

A Saulzais (les Loges de Bornacq), on rencontre du *minerai de fer* avec des fragments de *quartz opalin.*

A Saint-Christophe, on a découvert quelques dépôts de PYROLUSITE. La pyrolusite est un *bioxyde de manganèse.*

Dans la vallée de l'Indre, et aux environs, la silice, très abondante, s'est agglomérée en gros cailloux de quartz et même en bancs continus. Au Sud-Est de La Châtre (la Rochaille) ces quartz contiennent des filons de GALÈNE ARGENTIFÈRE. Dans toute cette région la nuance dominante des roches triasiques est le rose. On peut aisément se rendre compte de leurs variations de nature et de teinte dans les profondes tranchées de chemin de fer de Châteaumeillant à La Châtre.

MARNES IRISÉES. — (*Étage Tyrolien.*) — Les marnes irisées ont dans le Berry un peu moins d'importance. Elles présentent des *marnes rouges et vertes,* avec des *grès fissiles,* c'est-à-dire que les paillettes de mica qu'ils contiennent permettent de diviser en minces tablettes, des *argiles rouges* et, parfois, des *calcaires dolomitiques.*

Dans le département du Cher, ces dépôts ont une épaisseur de 50 à 70 mètres, mais ils s'amincissent beaucoup dans l'Indre, où ils sont souvent réduits à quelques décimètres d'argiles rouges recouvertes par les argiles et les sablons de l'étage suivant. Les marnes irisées forment à la limite Sud-Est du Berry[1] un premier massif de 6 à 7 kilomètres de long, auprès d'Augy-sur-Aubois. Un peu plus au Sud, à Lurcy-Lévy, dans le Bourbonnais, on rencontre des amas de gypse dans des argiles grises.

Un autre massif plus important s'appuie sur le prolongement

1. Nous rappelons que nous comprenons toujours sous le nom de Berry non pas précisément le territoire de l'ancienne province, mais l'ensemble des deux départements du Cher et de l'Indre.

des grandes failles qui sillonnent le Berry du Nord au Sud, depuis l'étang de Javoulet, à l'Ouest de Sancoins, jusqu'au grand bois de Liénesse, entre Neuilly-en-Dun et Saint-Aignan.

Les marnes reparaissent ensuite à Coust et à La Perche, où leurs affleurements, d'ailleurs fort restreints dans cette dernière localité, ne sont que la continuation de ceux de la forêt de Tronçais ; à Drevant, au-dessus des grès bariolés ; puis de Faverdines à Ardennais et de là, sur une ligne devenue très étroite, à Saint-Jeanvrin et à Néret. A Ardennais, elles contiennent des grès argileux qu'on exploite (la Forêt-Vieille).

On les retrouve encore de Montgivray à Mouhers, de Cluis à Pommiers, près de Chazelet (Sud), et enfin à Chaillac ; mais dans toutes ces localités elles sont en grande partie recouvertes par les assises inférieures du Lias et s'en distinguent à peine.

Il est probable que la période Triasique vit se former de ce côté du Plateau des dépôts bien plus puissants qui devaient former une ligne de rivage large et continue, et que ces dépôts ont été plus tard détruits par les eaux ou recouverts par d'autres sédiments, par suite d'un affaissement du sol et d'un retour de la mer.

Les marnes du Trias donnent toujours d'excellentes terres de culture.

ARTICLE SECOND

Système Jurassique.

1° SÉRIE LIASIQUE.

Le système Jurassique doit son nom à l'importance particulière que possèdent dans le Jura les sédiments de cette période. Il est caractérisé par la prédominance de plus en plus grande des éléments calcaires sur les éléments détritiques et par une suspension presque complète de l'activité interne. Ce système, partagé naguère en deux grandes divisions appelées le Lias et l'Oolithe, comprend actuellement, trois *séries :* la série **Liasique** ou Jurassique inférieur, la série **Médiojurassique** et la série **Suprajurassique.** Ces séries correspondent à peu près à une ancienne division du Jurassique en *Jura noir, Jura brun* et *Jura blanc.*

La série Liasique est ainsi nommée à cause du calcaire dur et compact dont elle est formée en grande partie et qui en anglais porte le nom de *lias.* Elle offre une grande variété de dépôts qui semblent suivre un ordre assez constant. A la base, par dessus les assises à nuances vives et bariolées du Trias, dominent des *grès ;* puis viennent des *calcaires,* dans une proportion qui ira en augmentant jusqu'à la fin de ce système, pour devenir à peu près exclusive à la période Crétacique.

C'est dans les terrains liasiques que l'on trouve les premiers MAMMIFÈRES : des petits *Marsupiaux* de la grosseur d'un rat, que l'on a nommé MICROLESTES. La faune de cette période offre d'autres espèces non moins curieuses. D'abord des *Reptiles* singuliers, comme l'*Ichtyosaure* et le *Plésiosaure* : deux genres représentés par un assez grand nombre d'espèces.

L'*Ichtyosaure* (poisson saurien) est un reptile énorme de dix mètres de long. Sa tête forme environ le tiers du corps. Ses yeux à facettes sont gros comme la tête d'un homme. Excessivement vorace, il faisait sa proie des animaux de son espèce lorsqu'ils étaient plus faibles. Les débris trouvés à l'intérieur de son squelette en font foi. Il était admirablement organisé pour la nage, ainsi que le prouve son énorme queue et ses quatre membres disposés en rames natatoires. Il habitait la haute mer.

Le *Plésiosaure* (voisin des sauriens) pouvait atteindre la taille du précédent : quelques espèces cependant n'étaient pas plus grosses qu'un cygne. Que l'on s'imagine un corps gros et court, ayant des rames natatoires au lieu de pattes. Un cou long et grêle, comme un serpent, le termine, portant une tête formidablement armée de dents pointues. C'était, a dit quelqu'un, un serpent caché sous la carapace d'une tortue. Sa nage ne pouvait être rapide comme celle de l'Ichtyosaure, la longueur de son cou était un obstacle. Laissant alors les hauts fonds il se tenait de préférence près des rivages et, caché dans les rochers, la vase, les herbes, il dardait avec la rapidité d'une flèche sa redoutable tête pour saisir une proie à sa portée.

Parmi les Mollusques, il faut mentionner, en outre des *Ammonites* qui sont caractéristiques de l'époque secondaire tout entière, les BÉLEMNITES qui sont comme elles de la classe des Céphalopodes ; puis, parmi les Brachiopodes, les *Térébratules,* les *Spirifères,* les *Rhynchonelles.*

On pourrait signaler aussi des espèces variées des Mollusques Acéphales, de Poissons, d'*Insectes,* de *Rayonnés,* de *Protozoaires,* etc. Nous nous bornerons ici à décrire quelques-uns des Mollusques que nous venons de nommer et que l'on rencontre à chaque pas dans les roches du Lias.

L'*Ammonite* est une coquille plate enroulée comme les

cornes du bélier que les anciens consacraient à Jupiter-Ammon. L'animal, qui n'en occupait qu'une partie, avait la faculté d'emplir le reste d'eau au moyen d'un siphon et dès lors, à sa volonté, suivant qu'il vidait ou remplissait sa coquille, il flottait à la surface ou se laissait tomber au fond de la mer. De nombreux tentacules entourant sa tête lui servaient de rames pour faire voguer sa nacelle et de bras pour happer une proie à sa convenance. La grandeur des Ammonites varie depuis celle d'une lentille jusqu'à celle d'une roue de voiture.

Les *Bélemnites* sont des Mollusques Céphalopodes voisins de la Seiche qui, de nos jours, fournit le biscuit de mer que l'on donne aux petits oiseaux en cage et la sépia. On ne retrouve plus guère dans les Bélemnites fossiles que l'espèce d'éperon qui terminait leur coquille. C'est un osselet qui affecte la forme d'un cigare. On a rencontré quelquefois cependant des restes plus complets qui ont permis de restaurer l'animal. (Pl. 2.)

Les *Térébratules* ont vécu à toutes les époques et il en existe encore de nos jours ; mais elles pullulaient pendant la période Secondaire. On les appelle dans nos campagnes des *pigeons* ou des *poulettes*. Elles présentent deux valves inégales dont l'une est percée d'un trou par où passait un pied ou pédoncule qui servait à l'animal pour se fixer à un rocher. C'est de ce trou que vient leur nom qui veut dire *perforé*. Les Térébratules, comme aussi les Spirifères, avaient deux longs bras qui, à l'état de repos, étaient enroulés et enfermés dans la coquille. Ils sont quelquefois assez bien conservés pour qu'on puisse les observer parfaitement.

La flore, encore très monotone, produit pour la première fois quelques végétaux MONOCOTYLÉDONES.

On divise actuellement le Lias en cinq étages : le **Rhétien** (Alpes Rhétiques), l'**Hettangien** (Hettange dans le Luxembourg), le **Sinémurien** (Semur), le **Charmouthien,** (Charmouth, en Angleterre), et le **Toarcien** (Thouars, en Poitou.) Les trois derniers étages constituent le Lias proprement dit.

Les terrains jurassiques présentent dans le Berry un développement assez considérable. Les cinq étages que nous venons de nommer s'y reconnaissent tous et forment comme cinq longs rubans presque réguliers et parallèles qui s'étendent de l'Est à l'Ouest comme les systèmes précédents, traversant les deux départements du Cher et de l'Indre et diminuant graduellement d'importance vers l'Ouest. Cette dernière disposition que nous avons déjà observée dans le Trias fait incliner sensiblement la direction du Lias vers le Sud-Ouest. La largeur moyenne de l'affleurement total du Lias est de 7 à 8 kilomètres.

ÉTAGE RHÉTIEN. — L'étage Rhétien se compose surtout de *grès calcaires* contenant une certaine proportion de carbonate de magnésie (*grès dolomitiques*).

Tout le long du massif triasique de Sancoins, il affleure sur une largeur de 5 à 600 mètres, de Vereaux à Bessais avec un retour vers Saint-Aignan, principalement sous la forme de grès calcaire compact. Auprès de Saint-Amand, ses affleurements sont plus irréguliers par suite de dislocations postérieures, mais en même temps ses couches sont plus puissantes et plus variées. A la base, un grès dolomitique avec empreintes végétales (Coust), qui devient à l'Ouest un *sable kaolinique* bariolé qu'on exploite pour la verrerie (Drevant, la Groutte, Orval).

Au-dessus sont des schistes calcaires contenant en abondance les restes d'une espèce de Moule, *Mytilus minutus* (pl. 1). Une assise de marnes vertes et rouges domine le tout, formant avec les couches précédentes une épaisseur de 40 mètres en moyenne. Au Nord de La Châtre, les mêmes assises renferment des amas d'une silice hydratée et versicolore communément désignée sous le nom de *jaspe*.

Au Sud d'Argenton et à Chaillac, l'étage Rhétien ne se compose plus que de quelques mètres de grès ou de sablons et d'argiles bariolées de rouge. A Chaillac notamment, ces dépôts sont difficiles à distinguer du Trias sous-jacent. Mais ce qui les rend remarquables, ce sont les gisements assez riches de *fer* et de *manganèse* qu'ils contiennent. On y a signalé aussi une lentille de fluorure de calcium ou *spath fluor*. Une grande faille sépare dans cette région le Lias et les micaschistes.

Les filons de *galène* de Crozon et de La Châtre ont dû se produire à peu près vers la même époque.

ÉTAGE HETTANGIEN. — L'étage Hettangien se compose principalement d'un *calcaire dur*, gris ou bleu, quelquefois surmonté d'un calcaire marneux jaunâtre appelé en Bourgogne *foie de veau*. Il présente dans le Cher une assez grande importance et devient dans l'Indre presque nul. A Germigny, il fournit des moellons.

Au Sud-Est de Neuilly-en-Dun, on en tire de belles dalles très connues sont le nom de *dalles de Liénesse*. Aux environs de Saint-Amand, (route de Colombiers, Montround, Grand-Tertre, l'Etelon, etc.), l'assise inférieure, d'une épaisseur de 10 mètres environ, donne un calcaire très dur dit *calcaire pavé*. Elle est surmontée d'un calcaire marneux et dolomitique d'un blanc jaunâtre, atteignant une puissance de 30 mètres.

Le seul fossile que l'on rencontre fréquemment dans cet étage est une Huître, *Ostrea irregularis* (planche 1). A Saint-Amand, la couche de calcaire pavé renferme, avec *Ostrea irregularis* très abondante, quelques autres fossiles à part : *Ostrea sublamellosa, Natica obliqua, N. carinata, N. obtusa, Mytilus productus, Pholadomya prima.*

On y trouve également des écailles de Poissons ganoides et des restes de Conifères (*Brachyphyllum*). La couche marneuse est beaucoup plus pauvre, excepté dans la partie tout à fait supérieure où l'on retrouve l'Huître irrégulière et quelques autres Lamellibranches (*Mytilus glaber, Plicatula hettangiensis*).

Ces dépôts conservent à peu près la même puissance jusqu'à Maisonnais. Dans l'Indre, on ne les rencontre guère que vers Sarzay, Neuvy-Saint-Sépulcre et plus loin, dans la vallée de la Creuse, au Sud d'Argenton, où ils ne forment qu'une couche peu épaisse (1 à 2 mètres) de calcaire tantôt gris, tantôt brun foncé, à peu près sans fossiles, et contenant d'ordinaire un sable siliceux.

ÉTAGE SINÉMURIEN. — L'étage Sinémurien ou Lias INFÉRIEUR est encore appelé CALCAIRE A GRYPHÉES, à cause de la prédominance d'un fossile appartenant à la même classe que les huîtres, *Gryphæa obliquata.*

Dans l'Est du département du Cher, il donne un calcaire bleu exploité surtout pour la chaux, mais qui contient, aux environs de Germigny, des *nodules de phosphate de chaux* en abondance. Ces nodules sont très recherchés parce qu'ils sont un engrais précieux pour l'agriculture.

Dans la région de Saint-Amand, le Sinémurien n'offre qu'une couche de calcaire marneux jaunâtre. Cette assise se continue dans l'Indre, principalement jusqu'à Lourouer. Plus loin, elle se confond facilement avec l'Hettangien. On la reconnaît surtout dans la vallée de la Vauvre (Montipouret, Mers), puis à Neuvy-Saint-Sépulcre et à l'Est de Pommiers. (*Gr. obliqua, Ammonites Bucklandi, A. stellaris, A. bisulcatus, Belemnites brevis; Terebratula cor, T. perforata, T. punctata. Spiriferina Walcotti* (planche 1).

ÉTAGE CHARMOUTHIEN. — Le Charmouthien ou LIAS MOYEN est, dans le Cher, moins étendu peut-être, mais plus puissant que le Sinémurien (60 à 80 mètres auprès de Saint-Amand). On y a reconnu une série de zones différentes, caractérisées par les fossiles qu'elles renferment, mais presque toujours complètement formées de *marnes* et de *calcaires marneux*. La zone inférieure, étroitement reliée au Sinémurien, contient comme lui des nodules phosphatés exploités à Germigny.

On peut regarder comme fossile caractéristique du Liasien une Gryphée géante, *Gryphœa regularis* ou *cymbium* (planche 1).

(Fossiles que l'on rencontre le plus fréquemment dans le Cher en suivant les zones du Charmouthien de bas en haut : *Spiriferina Walcotti* (pl. 1), *Spir. pinguis, Am. raricostatus* (pl. 2); *Am. Jamesoni, Belemnites clavatus,* et d'autres Ammonites pyriteuses que l'on rencontre au bois de Trousses et aux Cottards, près Saint-Amand, dans une argile noire; *Am. ibex* et d'autres de petite dimension : *A. Valdani, A. centaurus* (pl. 2), *A. Henleyi; Waldheimia numismalis* (pl. 1); *Am. Davœi, Pecten æquivalis ; Am. margaritatus* (pl. 2) : *Am. spinatus* (pl. 2), *Waldheimia quadrifida* (pl. 1), *Spiriferina rostrata* (pl. 1).

Dans l'Indre, la nature du Charmouthien est à peu près la même que dans le Cher avec plus d'inégalité et moins d'épaisseur. La zone inférieure y contient aussi un cordon de nodules de phosphate, en particulier auprès de Neuvy-Saint-Sépulcre et de Mers et dans les environs de la Creuse, à Malicornay, Chavin, Celon. Les couches supérieures sont formées d'un calcaire brun assez dur.

Une bande très mince de marnes argileuses s'étend jusqu'à Lignac et Tilly. Les fossiles, très abondants, sont à peu près les mêmes que dans le Cher.

On peut cependant en mentionner quelques autres. Dans les couches inférieures : *Belemnites Brugnieri*, *Ammonites fimbriatus*, *Am. capricornus*, *Waldheimia indentata* ; plus haut, dans le calcaire brun : *Rhynchonella acuta*, *Terebratula cornuta*, *Ter. resupinata*.

On rencontre près d'Argenton de remarquables échantillons de Spirifères siliceux.

ÉTAGE TOARCIEN. — Le Toarcien ou LIAS SUPÉRIEUR, dernier étage du système Liasique, traverse comme les précédents le Berry dans toute sa largeur. D'une puissance moyenne de 60 mètres dans le Cher, notamment de Vernais à Touchay, moins épais dans l'Indre, il offre à peu près partout la même succession de *marnes*, de *schistes* et d'*argiles*. Ces argiles, qui occupent la moitié de l'épaisseur de l'étage, sont beaucoup exploitées pour la tuilerie et la briqueterie.

Dans la vallée de Germigny, ce sont des marnes bleuâtres, souvent schisteuses, que l'on trouve à la surface. Dans l'Indre, les marnes et argiles de cet étage prennent souvent un ton gris ardoisé. Près de Mers et de Lys-Saint-Georges, on rencontre à la base de l'étage quelques lits de phosphates, riches en Ammonites mais non exploitables. Vers Sacierges, tout à fait à l'Ouest, les argiles sont surmontées d'un lit de calcaire oolithique ferrugineux.

Le Toarcien a pour fossiles principaux les *Posido-*

nies, petits Mollusques Acéphales, et la *Gryphée sublo-bée* (*Posidonia* et *Gryphæa sublobata* ou *Beaumonti*).

(Strates successives que l'on observe dans l'étage Toarcien aux alentours de Saint-Amand : 1° à la base, 5 mètres de marnes avec *Ammonites Holandrei* ; 2° 0 m. 10 de schistes à *Posidonies* ; 3° 0 m. 10 de calcaire à Poissons Lépisdotés (*Lep-tolepis lepidotus*) ; 4° 15 mètres de schistes à Posidonies ; 5° 30 mètres d'argiles à nodules calcaires avec *Belemnites acua-rius* (pl. 2), *Ammonites bifrons* (pl. 2) ; *Amm. cornucopiæ*, (pl. 2) ; *Amm. Raquinianus* ; 6° 10 mètres d'argile ocreuse sans fossiles ; 7° mince couche de calcaire oolithique avec *Belemnites irregu-laris* (pl. 2), *Amm. toarcensis*, *Gryphæa Beaumonti*, *Rhynchonella cynocephala* (pl. 2). D'autres fossiles ont été souvent signalés : dans la région Est : *Am. radians*, *A. serpentinus* ; dans la région moyenne. *Leda rostralis*, *Littorina subduplicata* (Gastéropodes), *Am. opalinus*, *Am. communis* ; dans les couches phosphatées de l'Indre : *Amm. crassus*, *Belemnites Oppeli*, *Bel. breviformis*).

Ce qui frappe le plus dans l'étude des dépôts lia-siques berrichons, c'est leur formation par longs rubans successifs se succédant du Sud au Nord et leur amincissement progressif en largeur et en épaisssour dans la direction de l'Ouest où les étages inférieurs disparaissent presque complètement et où souvent le Lias moyen repose directement sur les micaschistes. En même temps, leur structure change graduellement et les sédiments de l'Est deviennent peu à peu dans la partie occidentale des calcaires grossiers et des sables siliceux. Ces éléments, qui s'étaient déposés d'une manière continue sur les rivages tranquilles de la mer liasique, ont été déplacés en beaucoup d'en-droits, à la suite des dislocations et des failles qui se sont produites plus tard. C'est à ces dislocations que l'on doit en particulier les belles vallées et les riants

LIASIEN *(Suite)*

Am. Centaurus

Am. margaritatus

Ammonites rarecostatus

Am. Spinatus

TOARCIEN

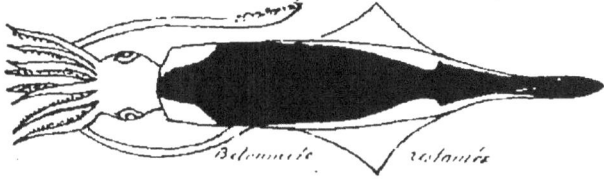

Belemnite restaurée

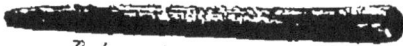

Belemnites acuarius

Belem. irregularis

Ammonites bifrons

Rhynchonella cynocephala

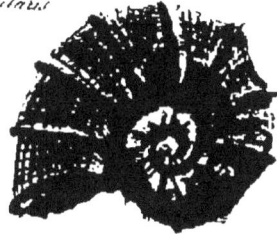

Ammonites cornucopiæ

BAJOCIEN

Am. Parkinsoni

Terebratula sphæroidalis

Am. Humphriesi

Am. Garantianus

Th. Mareux del.   Phototypie J. Royer. — Nancy.

mamelons de Saint-Amand. Nous verrons dans la suite que c'est à d'autres causes que l'on doit attribuer la plupart des lacunes que l'on peut remarquer sur la carte dans la grande bande liasique et où l'on trouve des sédiments tertiaires.

Les terres argilo-calcaires du Lias, surtout du Lias moyen, forment en général d'excellents pâturages, spécialement dans la vallée de Germigny où une couche légère d'alluvions les recouvre.

ARTICLE TROISIÈME

Système jurassique.

2° SÉRIE MÉDIOJURASSIQUE

Pendant la période Médiojurassique, les dépôts organiques vont prendre une importance de plus en plus grande aux dépens des sédiments détritiques. L'érosion avait peu d'effet durant ces époques où nul bouleversement violent ne se faisait sentir ; et dans les eaux d'une mer généralement tranquille et peu profonde les Polypiers constructeurs élevaient d'immenses récifs. De ce temps, datent principalement les CALCAIRES OOLITHIQUES.

Ces oolithes, nous l'avons déjà vu, sont uniquement des débris de coraux et de coquillages brisés et roulés par les vagues et déposés ensuite par elles le long des côtes sous forme de grains plus ou moins gros et plus ou moins réguliers, noyés dans un sorte de ciment provenant d'une désagrégation plus complète des particules organiques.

Outre ces *calcaires*, la série Médiojurassique comprend des MARNES souvent formées à une plus grande distance des rivages et pétries de débris de Spongiaires et de Pholadomyes ; et enfin des SABLES et des ARGILES, de nature détritique, déposés par les eaux courantes sur le littoral des mers ou dans les dépressions que présentait la bordure des continents.

La flore médiojurassique est encore assez pauvre et ne fournit guère que des FOUGÈRES, des CYCADÉES et des CONIFÈRES analogues aux Araucarias, aux Cyprès et aux Sequoias.

La faune, au contraire, est abondante et variée. Les organismes inférieurs, BRYOZOAIRES et POLYPIERS extrêmement nombreux. La famille de OURSINS (embranchement des *Rayonnés*) compte plusieurs genres intéressants, parmi lesquels les *Cidaris*.

Les *Brachiopodes* fournissent des TÉRÉBRATULES et des Rhynchonelles par millions.

Les *Céphalopodes* comptent encore un très grand nombre d'AMMONITES et des BÉLEMNITES.

Les *Gastéropodes* donnent les premières espèces d'eaux douces : *Planorbes*, *Paludines*, etc.

Les *Lamellibranches* dominent et forment parfois à eux seuls des bancs considérables. Leurs genres principaux sont les HUÎTRES, les PHOLADOMYES, les PEIGNES, les POSIDONIES, etc.

Les Mammifères sont représentés par de nouveaux *Marsupiaux*, tels que l'AMPHITÉRIUM et le PHASCOLOTHÉRIUM, qui avaient à peu près la taille d'un lapin.

Mais, parmi les grands fossiles ce sont encore les Reptiles qui dominent : des DINOSAURIENS, comme le

Mégalosaure, grand Reptile carnivore ; des PTÉROSAU-RIENS, Reptiles ailés ; des CROCODILIENS comme le *Téléosaure,* sorte de Crocodile ou mieux de Gavial à museau pointu.

Les dépôts médiojurassiques forment autour du bassin de Paris une vaste ceinture interrompue au Nord par une large voie de communication entre la mer Neustrienne et l'Océan, au Sud-Est et au Sud-Ouest par deux autres dépressions qui séparaient le Plateau Central des Vosges d'un côté et de l'Armorique de l'autre.

Dans le Berry [1], ils sont surtout visibles à l'Est où ils constituent un grand plateau accidenté qui relie la vallée de la Vauvise à celle de l'Auron. Dans la région de Saint-Amand, ils possèdent encore des affleurements importants. Dans le département de l'Indre, ils sont en grande partie recouverts par des argiles tertiaires et ne se rencontrent guère que tout à fait à l'Ouest dans la vallée de la Creuse et les vallées voisines.

On divise la période Médiojurassique en deux époques : à la première correspond l'étage **Bajocien** (Bayeux) ; à la seconde, l'étage **Bathonien** (Bath, en Angleterre).

---

[1]. La série Médiojurassique correspond à l'Oolithe inférieure de la carte géologique du Berry. La dénomination *Oolithe,* encore usitée naguère, a été abandonnée récemment par les géologues, à cause de la confusion qu'elle apportait entre les calcaires à *texture oolithique* (en forme d'œufs de poisson) et les terrains, calcaires ou non, appartenant à la période *oolithique.*

§ Ier. — ÉTAGE BAJOCIEN

D'une manière générale, le *Bajocien* se compose d'un calcaire rempli de lamelles brillantes provenant de débris de coquillages de Rayonnés (*Encrines Entroques*), ce qui lui a fait donner le nom de CALCAIRE A ENTROQUES.

Dans l'Est du Berry et dans le Nivernais, ce calcaire, d'un jaune grisâtre, forme une couche de 20 mètres portant à sa partie supérieure un lit d'*oolithes ferrugineuses,* c'est-à-dire de *minerai de fer* en petits grains arrondis, pisiformes. Ce minerai a dû être déposé par des sources thermales.

On y trouve des fossiles très abondants. *Ammonites Murchisonæ, Am. Humphriesi* (pl. 2), *Am. Blagdeni, Am. Sauzei, Am. Garantianus* (pl. 2), *Am. Niortensis, Am. braikenridgei, Terebratula infraolithica, Ter. perovalis, Ter. Kleini, Ter. sphæroidalis* (pl. 2).

Au-dessus du calcaire vient une couche de *marnes argileuses* bleuâtres d'une épaisseur de 30 mètres, présentant des lits de calcaires avec des fossiles spéciaux (*Am. Parkinsoni* (pl. 2), *Am. Martiusi.*) Ces marnes sont couvertes ordinairement par une couche mince (0^m 30 à 1^m 50) de calcaire avec *minerai de fer* oolithique. très fossilifère. (*Am. arbustigerus* (pl. 3), *Am. zigzag, Am. polymorphus, Am. pseudo-anceps* (pl. 3), *Am. wurtembergicus, Am. ferrugineus, Am. subradiatus, Terebratula globata, Ter. Ferryi, Ter. carinata, Rhynchonella plicatella, Collyrites ringens, Collyr. ovalis.*

Les affleurements bajociens occupent chez nous une très petite surface. Ceux de l'Est se reliaient autrefois à ceux du Nivernais, mais ils sont maintenant presque complètement recouverts par les dépôts limoneux de la vallée de la Loire.

On les trouve à Mornay-sur-Allier, au Guétin, (la Grenouille), où l'on exploite le calcaire à Entroques, comme pierre de taille.

Un autre massif commence à Mornay-Berry où l'on distingue très bien la couche de calcaire à Entroques, très dur, spathique, exploité largement à Mornay et à Nérondes (Dejointe, Verrière) et la couche de marnes et calcaires bleus affleurant à l'Ouest de la première. Ce massif, interrompu au Nord-Est de Nérondes sur une faille, reprend entre Ignol et Tendron, où l'on a extrait du minerai et s'arrête à l'Est de Thaumiers. Il n'affleure, à partir d'Ignol, que sur une largeur d'un demi-kilomètre à peine; mais on retrouve le prolongement de la couche ferrugineuse supérieure plus à l'Ouest (Charly), par dessous le Bathonien.

Dans la région occidentale ces couches ferrugineuses n'existent plus dans le calcaire Bajocien ; mais on y rencontre des concrétions siliceuses *(chailles)* dues à des causes analogues. Au Nord de Saint-Amand, en particulier à Meillant et à Chambon (bois de l'Espinasse), ces chailles constituent de véritables pierres meulières. On y trouve beaucoup de fossiles silicifiés. (*Am. Humphriesi* (pl. 2), *Cidaris anglosuevica* et plusieurs espèces de *Trigonia*.)

Dans l'Indre, on ne voit guère le Bajocien que dans la vallée de la Creuse, aux environs d'Argenton, où il est à moitié enseveli sous les couches tertiaires et où il se compose de calcaires gris et jaunes, très durs, caverneux, avec de nombreuses chailles siliceuses noires et grises, de petit volume.

Les fossiles les plus répandus et les plus caractéristiques du Bajocien sont l'*Ammonite d'Humphriez* et l'*Ammonite de Murchison*; (*Ammonites Humphriesi*, (pl. 2), et *Ammonites Murchisonæ.*) Les *Encrines* qui ont donné leur nom à l'assise principale de l'étage n'ont laissé que des débris lamellaires informes. Elles appartiennent à l'embranchement des *Rayonnés*, comme les Oursins et les Étoiles de mer.

3*

§ 2. — ÉTAGE BATHONIEN

On divise le Bathonien en deux *sous-étages* : le VÉSULIEN (Vesoul) et le BRADFORDIEN (Bradford, en Angleterre).

Sous-étage Vésulien. — Le Vésulien présente dans le Berry un grand intérêt. Il y forme plusieurs massifs allongés côtoyant les sédiments bajociens et dans lesquels on peut généralement distinguer deux assises principales : l'une de *calcaire tendre,* un peu marneux, d'un blanc jaunâtre ; l'autre, d'un *calcaire blanc oolithique,* désigné sous le nom de GRANDE OOLITHE. La grande oolithe est quelquefois rangée dans le Bradfordien.

Sur les bords de la Loire (Apremont, château de Boucard), à Saint-Hilaire de Gondilly, entre deux failles, et sur une longue ligne formée par les communes de Villequiers, Chassy, Nérondes, Flavigny, Les Bourdelins, Charly, Chalivoy, Thaumiers, le *calcaire tendre* fournit une belle pierre de taille. A Apremont et Charly, principalement. il est d'un très beau grain et propre à la sculpture. Les fossiles y sont rares. On peut signaler parmi les plus caractéristiques l'*Ammonite polymorphe* et un Oursin la *Collyrite ovale.* (*Ammonites polymorphus, Amm. ferrugineus, Amm. zigzag ; Liopleurodon Grossouvrei ;* des empreintes de Crustacés : *Glyphea ;* des dents de Poissons : *Acrodus* et *Hybodus.*) Cette assise, d'une épaisseur de 25 à 30 mètres, est surmontée d'une zone épaisse de *marnes calcaires* (*Pholadomya Murchisonæ, Phol. crassa*).

Dans le voisinage du Cher, au contraire, ainsi que dans le département de l'Indre. on ne trouve que le calcaire de la *grande Oolithe,* quelquefois jaunâtre, souvent très blanc, avec de nombreuses lamelles de coquillages. Il fournit de belles pierres à Meillant, Bruère-Allichamps, la Celle-Bruère, Farges-Allichamps, Vallenay, Ineuil, et plus loin au Nord d'Ambrault, de Sassierges-Saint-Germain et d'Ardentes. Mais, dans cette dernière région, ses affleurements sont très restreints et sont dominés par les argiles tertiaires.

On le retrouve à l'Ouest, dans les vallées qui avoisinent Saint-Gaultier. Les roches puissantes que l'on remarque dans la vallée de la Creuse, entre Saint-Gaultier et Pont-Chrétien, sur la route d'Argenton, appartiennent à la grande Oolithe bathonienne. On y exploite, dans de vastes carrières, une belle pierre blanche, tantôt à grosses oolithes, tantôt fine et compacte. Les fours à chaux de Chabenet, entre autres, qui couvrent de leurs épaisses fumées le célèbre château et la magnifique vallée de la Bouzanne, cuisent du calcaire oolithique bathonien. Le tunnel a été creusé à travers ce même calcaire. La puissance moyenne de l'assise dans cette région est d'environ 40 mètres.

Sous-étage Bradfordien. — Le Bradfordien, bien caractérisé dans l'Est du Berry, se distingue mal dans l'Indre, des assises précédentes.

Dans le Cher, il forme une assise de *calcaire compact et de marnes argileuses*, d'une puissance de 25 mètres, très étroite de Couy à Flavigny, plus large de Flavigny à Chalivoy, à l'Ouest du gisement de *calcaire tendre*, et portant dans certaines couches des fossiles abondants et caractéristiques. (*Ammonites discus, Amm. aspidoïdes, Amm. serrigerus, Amm. procerus ; Terebratula digona* (pl. 3), *Ter. obovata* (pl 3), *Ter. subovata, Ter. cardium, Ter. flabellum, Ter. coarctata ; Rhynchonella Bouei, Rhynch. varians, Rhynch. badensis ; Collyrites analis.*)

Dans le voisinage de la Creuse, il surmonte, sans en être nettement séparé, les couches du Bathonien inférieur. Il y forme une zone finement oolithique, peu puissante, mais beaucoup plus fossilifère que la précédente. Il renferme surtout des Polypiers, des Oursins et des Brachiopodes (*Montlivaultia* (pl. 3), *Calamophyllia ; Collyrites ; Rhynchonella elegantula, Terebratula cardium ; Belemnites bessinus ; Ostrea costata, etc.*)

On observe encore le Bradfordien dans la vallée de l'Anglin, entre Concrémiers et Ingrandes. Il présente en cet endroit un grain un peu plus grossier. On y trouve les mêmes fossiles et un autre Polype (*Anabacia orbulites*).

ARTICLE QUATRIÈME

Système Jurassique.

3° SÉRIE SUPRAJURASSIQUE

Avec la période Suprajurassique va s'accentuer dans nos régions le recul de la mer qui continue à favoriser sur ses rives les dépôts calcaires. Ces dépôts organiques, d'une puissance ordinairement considérable, forment une suite presque ininterrompue d'affleurements autour du bassin de Paris et relient enfin, au moins pour un temps, le Plateau Central aux Vosges et à la Bretagne ; fermant ainsi à l'Est le détroit morvano-vosgien, à l'Ouest du Berry, celui du Poitou. Ce dernier fut à peine comblé cependant. Les formations liasiques et médiojurassiques avaient été peu importantes en cet endroit ; les dépôts suprajurassiques ne furent pas beaucoup plus considérables. Nous verrons, en effet, aux temps tertiaires, le détroit du Poitou s'ouvrir de nouveau.

La région du Berry, placée entre ces deux détroits, reçut un très grand développement. Les calcaires suprajurassiques, recouverts par places, surtout dans l'Indre, de limons tertiaires, occupent plus d'un tiers de notre sol et constituent ce qu'on a appelé la CHAMPAGNE BERRICHONNE.

La flore de cette période comprend des végétaux très rapprochés, pour la plupart, de ceux de la série précédente : FOUGÈRES, CYCADÉES, CONIFÈRES. Mais dans

GÉOLOGIE DU CHER

BATHONIEN

Am. pseudoanceps

Ammonites Arbustigerus

Waldheimia shorola

Montlicaultia

Waldheimia digona

OXFORDIEN

Am. Anceps

Am. Coronatus

Am. Hispidus

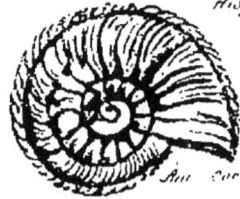

Am. macrocephalus

Am. cordatus

CORALLIEN

Spongiaires

Am. Marantianus

Am. Achilles

Belemnites Royeri

Cidoris Florigemma

Am. binammoralis

Th. Moreux del.

Phototypie J. Royer. — Nancy.

les derniers étages, on trouve les premiers **Angio-spermes Monocotylédones** *(Rhizaucaulon).*

La faune ne compte encore, en fait de Mammifères, que quelques espèces de *Marsupiaux.*

Un Vertébré d'une classe nouvelle, un OISEAU, auquel on doit reconnaître, il est vrai, de grande affinités reptiliennes, s'est trouvé dans ces terrains : on l'a nommé *Archéoptérix.*

Les Reptiles sont toujours très abondants et très variés. Parmi les *Dinosauriens,* on remarque le BRONTOSAURE et l'ATLANTOSAURE, animaux fantastiques dont la longueur pouvait dépasser trente mètres ; parmi les *Ptérosauriens,* le PTÉRODACTYLE et le RAMPHORHYNCHUS, sortes de grands Lézards volants. Les *Crocodiliens* et les *Plésiosauriens* sont aussi largement représentés.

Les AMMONITES et les BÉLEMNITES continuent à tenir une très grande place parmi les *Mollusques Céphalopodes.* Les *Lamellibranches (Gryphées, Huîtres, Exogyres,* et spécialement *Dicérates),* les *Gastéropodes,* et les *Brachiopodes* ne diminuent point.

Les *Echinodermes* prennent une nouvelle extension, soit avec les ECHINIDES (*Echinobrissus, Cidaris, Hemicidaris, Glypticus, Collyrites,* etc.,) soit avec les CRINOÏDES. Enfin, on rencontre très fréquemment des BRYOZOAIRES et des POLYPIERS qui forment parfois d'énormes massifs.

On reconnaît actuellement dans la série Suprajurassique cinq étages, auxquels on a donné des noms d'origine anglaise, le troisième excepté : le **Callovien** (Kellovay), l'**Oxfordien** (Oxford), le **Séquanien**

(*Sequana*, Seine), le **Kimeridgien** (Kimeridge), le **Portlandien** (Portland.)

§ Ier — ÉTAGE CALLOVIEN

Le *Callovien*, très développé dans la région Nord-Est de la France (les Ardennes et la Meuse) où il fournit du minerai de fer et des argiles riches et fertiles, diminue graduellement d'importance entre la Lorraine et le Berry. Dans le Berry même, il affleure d'une façon très irrégulière, à l'Est et à l'Ouest, et ne paraît pas dans la région moyenne, où, comme à Sassierges-Saint-Germain (Villemongin), Étréchet et au Poinçonnet, l'Oxfordien repose directement sur le Bathonien.

Dans la région orientale, on le trouve à la Guerche, au Chautay, à Cours-les-Barres, sous forme d'*argiles* alternant avec des bancs de *calcaires durs*. On le retrouve au Sud de Charentonnay (Chaumasson), puis côtoyant le Médiojurassique à Couy, Villequiers où il a été brisé par des failles, Bengy, Cornusse, Lantan, Cogny, Meillant, Saint-Symphorien, la Celle-Condé, Montlouis. Les bancs de *calcaire*, plus abondants dans ce dernier affleurement, sont souvent, dans les bancs de la base, formés uniquement de coquilles brisées (*lumachelle*), tandis que la partie supérieure devient de temps en temps marneuse comme à la Celle-Condé, (*Ammonites Macrocephalus*, (pl. 3.) *Am. anceps* (pl. 3.) *Am. coronatus* (pl. 3), *Terebratula pala*, *Ter. dorsoplicata*, etc.

Le Callovien reparaît un peu au Nord de Velles, dans la forêt de Châteauroux, puis longuement dans la vallée de la Creuse, depuis Chasseneuil jusqu'au Blanc, où il domine le Bathonien dont il est souvent difficile de le séparer. Il prend là, en effet, le *facies* oolithique et se compose d'oolithes assez fines à la base et quelquefois très grosses à la partie supérieure. On retrouve d'ailleurs au-dessous les fossiles du Bathonien (*Rhynch.*

elegantula, Ostrea costata, Anabacia orbulites). En haut, on voit des fossiles plus caractéristiques. (*Rhynchonella ampla ;* et quelques espèces de Gastéropodes : *Purpuroïdea.*)

A l'Ouest du Blanc, il est plus irrégulier encore, tantôt crayeux, tantôt à gros grains ; les matériaux dont il se compose semblent avoir été charriés plutôt que déposés doucement par les eaux. (*Rhynchonella spathica, Terebratula umbonella.*)

§ 2. — ÉTAGE OXFORDIEN

L'Oxfordien berrichon se compose essentiellement de *marnes* et d'*argiles*. Près de la Guerche (le Foulon) ces marnes contiennent des Ammonites phosphatées. Dans l'affleurement le plus considérable, qui commence à l'Est d'une faille, entre Saint-Hilaire et la Vauvise, se détourne à Sévry, passe au-dessus du Callovien par Couy, Villequiers, Laverdines, Bengy, Cornusse, Lantan, Parnay, et reprend au delà du grand lac tertiaire à Venesmes, Montlouis, Villecelin, il est formé à la base d'*argiles* surmontées d'une assise de *marnes* souvent bleuâtres, puissante de 10 mètres, et renfermant des nodules calcaires et des Ammonites pyriteuses très abondantes (*Ammonites cordatus* (pl. 3.), *Am. Eugenii, Am. Duncani, Am. Arduennensis, Am. Lamberti, Am. plicatilis.*) Au-dessus, à la partie supérieure, est une autre assise de *marnes* pétries de Spongiaires et d'Ammonites (*Ammonites canaliculatus, Ammonites Martelli, etc.*)

Cet étage est très remarquable par sa richesse en fossiles : Ammonites et Spongiaires.

A l'Ouest du Blanc, dans la direction de Mérigny et d'Ingrandes, il est représenté par des bancs de calcaire à chailles de silex, reposant sur le Callovien et contenant des fossiles silicifiés (*Terebratula Galliennei, Ter. Cottcaui, Ter. Parandieri, Ter. nucleata ; Ammonites Martelli*, et des Oursins qu'on retrouvera dans le Corallien : *Glypticus hieroglyphicus, Hemicidaris crenularis.*)

§ 3. — ÉTAGE SÉQUANIEN

A l'époque Séquanienne, la mer formait un vaste golfe entre les Ardennes, les Vosges, le Morvan, le Plateau Central, la Vendée et la Bretagne. Le Plateau

Central relié au Morvan (la vallée de la Loire ne fut creusée que plus tard) restait séparé des terres émergées, au Nord-Est par un large détroit qui allait des Vosges au Morvan, au Nord-Ouest par un autre bras de mer qui occupait la place du Poitou. Les géologues désignent sous le nom de MER NEUSTRIENNE cet enfoncement maritime, et les terrains qu'elle a reçus forment le bassin de Paris. Elle communiquait à l'Est avec la MER DE PROVENCE et à l'Ouest avec la MER D'AQUITAINE.

Sur tout le pourtour du bassin de Paris, cette époque a vu se déposer de puissants massifs *calcaires*. Les affleurements séquaniens couvrent près d'un quart du territoire berrichon. Une partie de ces roches a été construite entièrement par les Polypes et est exclusivement composée de débris de coraux et de coquillages. C'est ce qui avait valu à cet étage le nom de *Corallien*, maintenant abandonné. Ces constructions coralligènes eurent lieu surtout près des rivages, dans les régions tranquilles où les agitations et les courants marins ne pouvaient venir les troubler. Les autres assises sont formées de *marnes blanches* ou de calcaires à oolithes très fines pouvant fournir de bonnes PIERRES LITHOGRAPHIQUES.

En Berry, ce sont ces calcaires lithographiques qui se trouvent dans la plus forte proportion. Ils forment, partout où ils ne sont pas recouverts de limons tertiaires ou quaternaires, un sol très pauvre. Les vastes plaines calcaires, sèches et uniformes, qui vont de Châteauroux à Levroux, et qui s'étendent, à peu près identiques, aux alentours d'Issoudun et de Bourges et jusqu'auprès de la Loire, à la hauteur de Sancergues, appartiennent à l'étage Corallien. Leur ensemble porte le nom de CHAMPAGNE BERRICHONNE et leurs courts et maigres pâturages sont spécialement propres à l'élevage de la petite et rustique race des moutons du Berry.

Le Séquanien se divise en deux sous-étages : le RAURACIEN (Rauracie, région du Jura) et l'ASTARTIEN (ainsi nommé à cause de son assise supérieure formée d'un calcaire contenant de nombreuses *Astartes*, petites coquilles Bivalves).

Les autres principaux fossiles sont, pour le Rauracien, différentes espèces d'*Eponges*, un Oursin (*Glypticus*) et le Dicérate (*Diceras arietinum*); pour l'Astartien, des *Nérinées*, des *Ptérocères*, et plusieurs *Oursins* : *Cidaris florigemma*, *Cidaris coronata*, etc.

Sous-étage Rauracien. — On rencontre presque partout à la base du Rauracien des *marnes à Spongiaires* (pl. 3) dont la partie inférieure appartient à l'Oxfordien et constitue pour certains géologues le sous-étage *Argovien*. (*Ammonites marantianus* (pl. 3), *Am. bimammatus* (pl. 3), *Belemnites Royeri* (pl. 3). Au-dessus sont des *calcaires plus ou moins marneux*, et en haut, des *calcaires lithographiques* souvent divisés en lames plates, que l'on utilise quelquefois dans le Jura, sous le nom de *laves*, pour couvrir les maisons. Les calcaires marneux se trouvent principalement dans le voisinage de la Loire. Leurs affleurements sont peu visibles dans cette région, mais ils présentent un intérêt particulier à cause de leurs qualités et de la proportion d'argile qu'ils renferment.

Depuis Argenvières jusqu'à Marseille-lès-Aubigny, mais principalement à Beffes, et dans toute la vallée de l'Aubois jusqu'à Torteron et au Chautay, l'industrie les exploite largement et va les chercher même par dessous les couches limoneuses qui les cachent, pour en faire de la chaux hydraulique et du ciment. La *chaux hydraulique de Beffes* est renommée et s'exporte au loin.

Plus à l'Ouest, le Rauracien offre presque exclusivement des calcaires lithographiques durs et compacts, un peu marneux quelquefois. Ils sont très perméables et se délitent promptement à l'air. Leurs affleurements sont bornés au Nord par Sancergues, Groises, Vinon, Jalognes, Azy, Brécy, Moulins, les confins méridionaux de la commune de Bourges (Gionne, Germigny), Trouy, Saint-Florent. A la lisière Sud, on les voit jusqu'à Dun, Châteauneuf, Saint-Baudel, Chezal-Benoît. Mais ils sont souvent recouverts par des couches de l'ère Tertiaire, notamment entre Dun et Châteauneuf.

Dans l'Indre, ce *facies* est beaucoup moins développé. Il continue, en diminuant d'importance, jusqu'auprès de Châteauroux et est remplacé par un *facies* corallien que l'on retrouve au Sud de Châteauroux sous les argiles du Boischaud, et quelque peu entre le Poinçonnet et Neuillay-les-Bois.

Les mêmes calcaires du Rauracien inférieur, presque toujours de formation coralligène, apparaissent çà et là à travers la Brenne, à Vendœuvres, Migné, Rosnay, Lingé, et, beaucoup plus développés, à l'Ouest, entre Douadic. Le Blanc, Saint-Aigny, Sauzelles, Fontgombault et Preuilly-la-Ville. Ce sont eux qui, dans la vallée de la Creuse, forment les magnifiques rochers de Fontgombault. Cette couche, puissante de soixante mètres, est constituée tantôt par des calcaires blancs grumeleux ou farineux, comme dans les environs du Blanc (*Terebratula Bourgueti, Rhynchonella pectunculoïdes; Diceras arietinum, Machimosaurus Hugii* et de nombreux polypiers) : tantôt des calcaires siliceux, durs, renfermant de gros polypiers, comme à Pouligny-Saint-Pierre (escarpement des Roches, tranchée des Clous) : tantôt des calcaires saccharoïdes formés de petits graviers, comme à Preuilly-la-Ville (*Cardium corallinum. Diceras arietinum* (pl. 4), *Hemicidaris intermedia, Acrocidaris nobilis*). En Brenne, dans les localités cités plus haut, ces calcaires sont employés comme marnes pour les amendements.

Dans la région située à peu près entre Châteauroux. Issoudun, Levroux et Buzançais, s'étend une vaste plaine calcaire, sèche et monotone, qui constitue la CHAMPAGNE BERRICHONNE proprement dite. Les calcaires puissants qui la composent, ordinairement lithographiques, n'offrent pas partout une nature absolument semblable ; il est très difficile cependant d'y établir des divisions, parce que les modifications y suivent une marche insensible et ne donnent point de séparations nettement accusées. Les géologues la regardent comme une transition entre le Rauracien et l'Astartien. Les fossiles y sont peu abondants. On y remarque cependant plusieurs espèces végétales et des Oursins (*Sphenopteris Michelini*, *Stachypteris spicans*, *Jeampaulia longifolia*, *Zamites Feneonis* (pl. 4), *Cycadeospermum Pomeli* etc.).

Sous-étage Astartien. — Dans le département du Cher, et particulièrement aux environs de Bourges, l'Astartien se compose de trois zones bien distinctes. En premier lieu, un *calcaire crayeux*, exclusivement coralligène. C'est ce calcaire qui constitue la *pierre du Château* ou PIERRE BLANCHE DE BOURGES. Son épaisseur moyenne est de 15 à 20 mètres. Il est pour ainsi dire pétri de coraux et de coquillages.

Dans les couches superficielles, les fossiles sont mieux conservés. (*Cidaris florigemma* (pl. 3), *Cidaris cervicalis*, *Glypticus hieroglyphicus* (pl. 4), *Pygaster umbrella* (pl. 4), *Rhynchonella corallina* (pl. 4), *Terebratula cincta* (pl. 4), *Terebratula egena* (pl. 4), etc.)

Ce calcaire occupe presque tout le Sud de la commune de Bourges (les Vallées, les carrières de la route de Saint-Amand, Lazenay, les carrières du Château [1], Montifault). En continuant dans la direction Nord-Est, on le retrouve au delà de la vallée de l'Yèvre, à Moulins (Maubranches), Sainte-Solange, Rians où sont ouvertes plusieurs carrières, Veaugues, à l'Est de Bué, et,

[1]. Les carrières du Château, exploitées depuis des temps très anciens, offrent de vastes et intéressantes excavations. L'exploitation actuelle se fait au fond de longues galeries souterraines qui couvrent de leurs sinueux détours une surface de plusieurs hectares.

au long de la grande faille, jusque sur le flanc occidental de la colline de Sancerre. La largeur moyenne de l'affleurement est de 2 à 3 kilomètres. De l'autre côté de la faille, il se montre, plus au Sud, à Gardefort et à l'Ouest d'Herry, dans les vallées de la Vauvise et du Ragnon,

A l'Ouest de Bourges, la même bande continue, passant au Subdray, au Nord de Saint-Florent (bois des Touches), au Sud de Charost, au Nord de Chouday (la Bruère, la Maison Neuve), au Nord de Condé près d'Issoudun (les carrières de Vaux), puis elle se confond avec le calcaire lithographique vaseux de la Champagne du Berry. (*Cidaris florigemma* (pl. 3), *Cid. coronata* (pl. 4), *Cidaris Blumenbachi* et quelques Ammonites du genre des *Planulati*).

Entre Saint-Lactencin et Villedieu, on y trouve un lit de calcaire distinct avec des fossiles caractéristiques de l'Astartien (*Terebratula subsella*, *Ter. humeralis pentagonalis*, etc.)

Au-dessus du calcaire crayeux vient une seconde zone composée de *calcaires compacts blanchâtres*, légèrement marneux par endroits, de 8 mètres d'épaisseur environ (*Terebratula bisuffarcinata*, *Rhynchonella pinguis*), et de *calcaires lithographiques* plus épais (*Pinna obliquata*, *Ammonites Achilles*). Cette zone s'étend du Nord-Est au Sud-Ouest, jusqu'aux portes de la ville de Bourges (Fenestrelay, Etablissements militaires, Saint-Célestin, Hôpital militaire, Saint-Aoustrille, Mazières, le Beugnon). On exploite la couche de calcaires blanchâtres pour faire de la chaux, à Saint-Aoustrille et à Mazières. Dans la région Nord-Est du Cher, cette couche présente de grosses oolithes irrégulières (*Diceras eximium* (pl. 4), *Ostrea pulligera*).

Enfin viennent les *calcaires à Astartes* proprement dits, sur lesquels est bâtie la ville, et que l'on voit s'étendre, d'un côté dans la direction de Soulangis (la gare, le Moulon, la prison, la butte d'Archelet, à gauche de la route de Saint-Martin jusqu'à Pigny) ; de l'autre, dans la direction de la Chapelle Saint-Ursin et de Marmagne (toute la côte à gauche du canal en allant de Bourges à Marmagne).

L'Astartien, dans le Berry, a une épaisseur d'environ 30 mètres [1] et comprend : en bas des *calcaires marneux* renfermant

---

1. Il y a une quarantaine d'années, on essaya de creuser un puits artésien à Bourges (Jardin de l'Archevêché). On s'arrêta à

CORALLIEN *(suite)*

Zamites   Feneonis

Glypticus hieroglyphicus

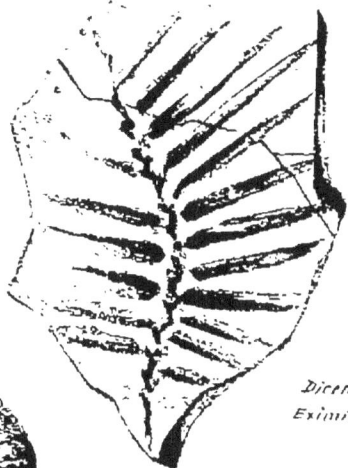

Cidaris coronata

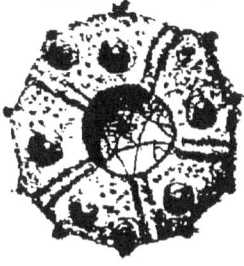

Pigaster umbrella

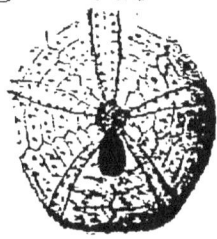

Dicems Eximium

Terebratula   cincta

Rhynchonella corallina

Waldheimia

humeralis

Diceras Arietinum

Gemelina Geometrica

Nérinées

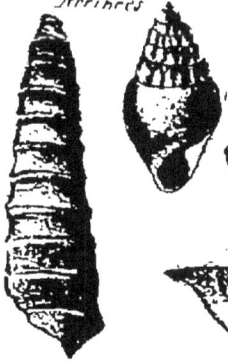

Exogyra Bruntutana

Pseudocidaris Thurmanni

Pteroceia   Oceani

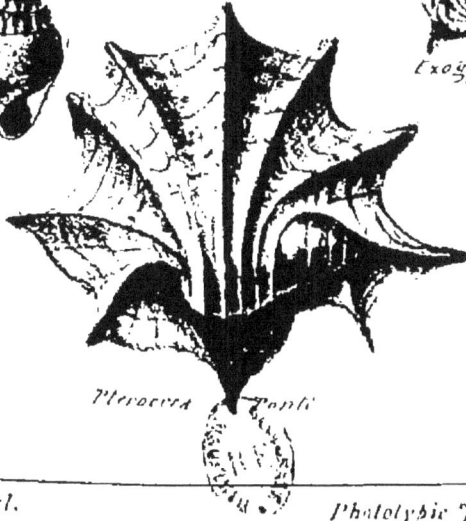

des *Fucoïdes*, fossiles végétaux, et d'autres fossiles assez abondants (*Serpula Thurmanni, Exogyra Bruntutana* (pl. 4), *Goniolina*) ; des *calcaires oolithiques* à Nérinées (*Nerinea Desvoidyi*); et des *marnes et calcaires noduleux* avec d'abondants Ptérocères (*Pterocera Ponti; Terebratula humeralis* (pl. 4), *Pseudocidaris Thurmanni* (pl. 4), *Goniolina geometrica*. — *Terebratula humeralis* et *Terebratula subsella* sont très abondantes dans tout l'Astartien. Les deux zones supérieures du Séquanien affleurent côte-à-côte, sur une largeur d'environ 3 kilomètres, sans interruption, depuis Bourges jusqu'auprès de Sainte-Gemme (les Fouchards). Elles forment une ligne qui se brise d'abord au Sud de Pigny pour se diriger plus à l'Est, et remonte vers le Nord après avoir dépassé Montigny. Elles se terminent brusquement contre la grande faille au Nord de Sancerre. On retrouve cependant au Nord des calcaires crayeux, entre deux failles parallèles, sur tout le territoire de Feux.

A l'Ouest de Bourges, après une interruption de 6 à 8 kilomètres à la Chapelle Saint-Ursin et Marmagne, leurs affleurements reprennent à Villeneuve et Sainte-Thorette, sont spécialement remarquables à Sainte-Lizaigne d'où ils suivent, sur une largeur de plus de 10 kilomètres, la direction de Levroux, s'inclinent vers Buzançais et vont se perdre sous le Crétacique au Sud d'Arpheuilles et de Clion. Une faille les fait apparaître sur une étroite surface au milieu du Crétacique, entre Buzançais et Saint-Genou. Quelquefois, dans cette région, les couches supérieures prennent une texture gréseuse et sont riches en fossiles (*Ostrea bruntutana, Terebratula subsella, Ter. humeralis, Goniolina geometrica, Rhynchonella matronensis; Pholadomya Protei*, et des radioles de *Pseudocidaris ovifera*).

Tout à fait à l'Ouest du département de l'Indre, l'Astartien se montre à découvert à l'Est de Tournon-Saint-Martin, dans la vallée du Suin, sous forme de calcaires lithographiques quelquefois siliceux (*Diceras, Nerinea*). Le voisinage des sables et des argiles sidérolithiques les a par endroits métamorphosés en marnes blanches qu'on exploite à Lureuil. Nous avons vu plus haut que le même phénomène s'est produit aussi au milieu de la Brenne sur les calcaires rauraciens.

223 mètres de profondeur, dans des calcaires tendres appartenant au Médiojurassique.

4

§ 4. — ÉTAGE KIMERIDGIEN

L'étage Kimeridgien a formé des dépôts importants dans tout le bassin de Paris. Ils apparaissent principalement dans la Meuse et le Jura, où ils atteignent souvent une épaisseur de plus de 80 mètres.

Dans le Berry, cet étage, qui forme la partie la plus fertile des terrains jurassiques, est surtout composé de *marnes argileuses*, schisteuses ou compactes, et de lits importants de *lumachelles,* calcaires marneux formés de débris de petites coquilles d'Ostracées.

Les fossiles principaux sont des *Gastéropodes* (PTÉROCÉRES) et des Bivalves (EXOGYRE VIRGULE). Ces deux sortes de Mollusques ont du reste donné leur nom aux deux sous-étages que l'on distingue ordinairement dans le Kimeridgien : le *Ptérocérien* et le *Virgulien.*

Le massif le plus étendu du Kimeridgien est au Nord-Ouest de Bourges et couvre, en tout ou en partie, les communes de Saint-Doulchard, Berry-Bouy, Saint-Eloi-de-Gy, Vasselay, Saint-Martin (Sud.) Sa largeur diminue ensuite et il forme une bande très accidentée passant par Pigny, Vignoux-sous-les-Aix, au Sud de Menetou-Salon et de Parassy, à Morogues, au Sud d'Humbligny, à Neuvy-deux-Clochers, Neuilly-en-Sancerre, Crésancy. Après cela, il n'offre plus qu'une largeur de quelques centaines de mètres et va s'arrêter contre la faille, à deux kilomètres de Savigny-en-Sancerre (pré Berne). Près de la Loire, le même terrain montre encore quelques lambeaux au Sud de Thauvenay et de Saint-Bouise.

Dans la partie occidentale du Cher et dans l'Indre, les marnes Kimeridgiennes ne se retrouvent qu'à Preuilly, au Nord de Paudy où on les exploite, à Vatan et à Fontenay; après quoi elles disparaissent sous les terrains crétaciques : quelques traces ressortent près de la faille de Saint-Genou. Les couches inférieures contiennent dans cette région d'abondants fossiles. (*Terebratula subsella major, Pholadomya excentrica : Rabdocidaris Orbignyi.*)

Toutes les pentes marneuses du Kimeridgien, particulièrement de Bourges (Asnières) à Sancerre, sont couvertes de vignes qui donnent un vin blanc estimé (tisane d'Asnières, vins blancs de Vasselay, de Menetou, de Vignoux, de Morogues, etc.)

§ 5. — ÉTAGE PORTLANDIEN

Le *Portlandien,* largement étendu dans le Nord-Est de la France, forme aussi des affleurements importants dans le bassin de la Saône et du Rhône et à l'Ouest, dans les Charentes. A Paris, lors du forage des puits artésiens, on a retrouvé les calcaires portlandiens à 600 mètres au-dessous du niveau du sol.

Dans notre contrée, le Portlandien, sans offrir un *facies* bien différent du Kimeridgien, est cependant plus calcaire.

On y distingue deux sous-étages, dont l'un se compose presque exclusivement de *calcaires lithographiques* avec lits marneux et renferme à la base beaucoup d'Exogyres virgules ; l'autre est formé de *marnes* ou de calcaires marneux jaunâtres entremêlés d'un calcaire sableux cristallin et exploités en différents endroits pour la chaux hydraulique ou pour les amendements.

Le Portlandien inférieur, appelé BONONIEN (*Bononia,* Boulogne), n'a, dans le voisinage de la Loire, que quelques minces parcelles à Saint-Bouise, à l'Ouest de Thauvenay, de Ménétréol, et en face de Sancerre auprès du canal. Puis, commençant à reparaître dans le bourg de Savigny-en-Sancerre, il se déroule en longs replis irréguliers à l'Ouest de Sainte-Gemme et de Verdigny vers Subligny, Menetou-Ratel, Sens-Beaujeu où il suit les vallons, masqué ailleurs par le Crétacé. En marchant vers l'Ouest, on ne le retrouve plus guère qu'à Menetou-Salon (les Moulons), Saint-Palais, Quantilly, Saint-Martin. Dans ces différentes localités, il fournit beaucoup de pierres à chaux et de pierres de construction. Entre Saint-Martin et Mehun, on peut en voir encore quelques traces au milieu des argiles et des sables de la période Infracrétacée.

A l'Ouest du Berry, il forme encore une masse assez notable ayant au centre Saint-Pierre-de-Jards, s'allongeant dans les directions de Chéry, Massay, Nohant et entourant l'îlot crétacique où sont bâtis Luçay-le-Libre et Giroux.

Le Portlandien supérieur, désigné sous le nom de PURBECKIEN ou d'*Aquilonien* ne s'observe que dans la région de Graçay. Il est remarquable spécia'ement à Massay où les marnes alternent régulièrement avec des calcaires à texture sableuse. On y a recueilli en cet endroit des ossements de *Tortues* et de *Sauriens*. Les marnes sont exploitées en grand à Massay (depuis la Motte jusqu'à la Provenchère d'un côté, et jusqu'au delà de Longchamp de l'autre, le long de la route de Paris à Toulouse), à Dampierre (les Maisons brûlées), à Nohant. Elles s'étendent d'ailleurs, mais plutôt sous forme de calcaires marneux, sur presque tout le territoire de Graçay et dans toute la vallée du Fouzon, jusqu'à Bagneux et même Saint-Christophe-en-Bazelle où émerge un petit îlot.

Le Suprajurassique ne dépasse pas ces limites à l'Ouest. Plus loin il se cache sous le Crétacique : en suivant les contours du bassin de Paris, on ne le revoit plus que vers la Normandie.

ARTICLE CINQUIÈME

Système Crétacique.

1.° SÉRIE INFRACRÉTACÉE

Le système Crétacique se divise en deux *séries* importantes : la *série* **Infracrétacée** et la *série* **Supra-crétacée.** L'Infracrétacé offre avec le Crétacé supérieur une notable différence de composition et d'allure. La CRAIE, calcaire tendre, fin, formé d'amas de petites coquilles microscopiques, qui a donné son nom au système tout entier ne se trouve que dans la seconde série. La première se compose à peu près uniquement de CALCAIRES MARNEUX, de MARNES et de SABLES.

La flore infracrétacée se compose encore principalement de végétaux GYMNOSPERMES. De nouveaux *Conifères* s'y remarquent ; SEQUOIA, GINKGO, PINUS, CEDRUS, etc.

La *faune* possède encore les *Dinosauriens* et en particulier le gigantesque IGUANODON. Parmi les Mollusques *Céphalopodes*, les AMMONITES continuent d'être très abondantes, mais à côté d'elles apparaissent de nouvelles familles analogues, dont la coquille, au lieu d'être enroulée en plusieurs tours soudés les uns aux autres, est à moitié déroulée en tours disjoints, en courbes originales. Ce sont les *Criocères*, les *Scaphites*, les *Ancylocères*, les *Hamites*, etc. Plus tard, dans le Crétacé, nous trouverons des Mollusques de la même famille dont la coquille est complètement déroulée en ligne droite : les *Baculites*.

On croirait voir, dans ces Mollusques, la grande famille des Ammonites, sur le point d'être rayée du
nombre des êtres vivants, — elle cesse d'être représentée à partir de l'ère Tertiaire — essayer toutes sortes de nouvelles formes pour se rajeunir et se rattacher à la vie.

Les *Bivalves* comptent, avec les *Huîtres*, les *Inocerames*, les *Trigonies*, les *Janires*, de nombreux genres
de RUDISTES et de CHAMACÉS (*Requiènes, Caprotines,
Hippurites, Radiolites,* etc.). Ils ont aussi plusieurs
espèces d'eau douce, par exemple les *Unios*. Les principaux genres de *Gastropodes* sont les *Natices*, les
Ptérocères, les *Cérithes*.

Les *Rayonnés* comprennent de nombreux OURSINS
et en particulier les SPATANGUES (*Micraster, Holaster,
Toxaster* ou *Echinospatangus*). Enfin les *Foraminifères*
deviennent très abondants dans certaines couches,
tandis que le développement des *Polypes* semble di-
minuer.

La série Infracrétacée se divise en quatre *étages:* le
Néocomien (*Neocomum,* nom latin de Neuchâtel, en
Suisse), le **Barrêmien** (Barrême, Basses-Alpes),
l'**Aptien** (Apt, Vaucluse), l'**Albien** (département de
l'Aube).

Assez étendue dans le Nord du département du Cher,
cette série n'a dans l'Indre que des dépôts presque
insignifiants. Au reste, d'une manière générale, il a
laissé peu de traces dans toute la partie occidentale
du bassin de Paris. La plupart de ses couches cependant se sont déposées sur tout le fond de la mer Néus-
trienne.

ÉTAGE NÉOCOMIEN. Le *Néocomien* qu'on a dû, dans certaines régions, partager en deux sous-étages VALANGINIEN et HAUTERIVIEN), n'est représenté en Berry que par une couche peu épaisse d'un *calcaire jaunâtre* ou grisâtre renfermant de petites oolithes ferrugineuses. Il est désigné sous le nom de CALCAIRES A SPATANGUES à cause du grand nombre d'Oursins de ce genre qu'on y trouve avec beaucoup d'autres fossiles (*Toxaster complanatus, Spatangus retusus* (pl. 5), *Janira atava, Terebratula acuta, Rhynchonella multiformis*).

Il forme un mince ruban qui suit le Portlandien de Savigny-en-Sancerre (les Sauleaux) à Menetou-Ratel (les Champions, d'où il se détourne pour pénétrer dans le village et s'étendre avec de nombreux circuits jusqu'à Boucard). A l'Est de Sancerre, une parcelle du même terrain, épaisse de 5 mètres, contourne la colline (depuis l'Étang jusqu'auprès de Fontenay). On en retrouve encore un étroit lambeau à Menetou-Salon (la Tremblaie). On ne connaît sur les bords du bassin parisien aucun autre dépôt Néocomien plus avancé vers l'Ouest.

ÉTAGE BARRÉMIEN. L'étage *Barrémien* est un peu plus visible dans le Cher. Il comprend des SABLES VERSICOLORES (*Barrémien inférieur*) et surtout des argiles également bariolées nommées ARGILES OSTRÉENNES, (*Rhodanien*) parce qu'elles renferment dans certaines contrées une grande quantité d'Huîtres (*Ostrea Leymeriei*). Ces argiles sont accompagnées de MINERAI DE FER GÉODIQUE, c'est-à-dire d'un minerai hydroxydé aggloméré en petites masses caverneuses.

Les brisures du sol montrent le Barrémien et spécialement les argiles à minerai à plusieurs endroits aux environs de Sancerre : à l'Ouest de Saint-Bouise (Bally), sur le flanc oriental de la colline de Sancerre et des collines qui s'échelonnent au Sud, jusqu'à Vinon (l'Orme-au-Loup, Bannon, Verry). A l'Ouest de Sancerre, les dépôts sont plus étendus. Ils commencent à paraître à Subligny et se montrent plus largement à Menetou-Ratel et à Sens-Beaujeu. A Menetou-Ratel (Boucard) on a longtemps exploité le minerai. Ils suivent ensuite, sur une largeur variant de 200 à 1200 mètres, les affleurements kimeridgiens et portlandiens jusqu'au nord d'Allouis, avec un développement plus considérable entre Menetou-Salon, Saint-Palais et Saint-Georges. Dans toute la partie comprise entre Neuilly-en-Sancerre et Saint-Martin, on n'utilise guère que les sables, excepté à Pigny (la Ferranderie) où l'on a tiré du minerai. Entre Saint-Éloi-de-Gy et le Château des Fontaines, commune d'Allouis, le minerai était exploité récemment encore.

Une autre traînée de sables et d'argiles barrêmiens va de Massay (Saint-Martin-de-Court) à Dampierre, Genouilly, Anjouin, et jusqu'entre Bagneux et Dun-le-Poëlier (château d'Ems), bordant de chaque côté la vallée de Fouzon. Au Sud, elle pousse une pointe jusqu'auprès de Nohant (Villiers).

Les dépôts barrêmiens sont peu fossilifères : on y trouve quelquefois cependant des fossiles marins vers Saint-Éloi-de-Gy.

ÉTAGE APTIEN. — L'*Aptien* est caractérisé dans l'Est de la France et principalement dans l'Yonne, par des argiles grises et verdâtres que l'abondance d'un fossile bivalve (*Plicatula*) a fait appeler ARGILES A PLICATULES (sous-étage BEDOULIEN, de la Bedoule, en Provence), et par des *sables verts* accompagnés de *grès ferrugineux*. Ces sables verts, qui constituent, avec les grès ferrugineux, l'APTIEN SUPÉRIEUR (sous-étage GARGASIEN, de Gargas, Vaucluse), doivent leur couleur à des grains de GLAUCONIE, c'est-à-dire d'hydrosilicate de fer et de potasse, qu'ils renferment dans leur masse. Les grès ferrugineux sont des grès dont les grains sont agglutinés par un oxyde de fer hydraté qui leur donne une couleur ocreuse ou noirâtre.

CORALLIEN (Suite)

Trigonia
Navis

Trigonia
Bronni

NÉOCOMIEN

APTIEN

Spatangus retusus

Ammonites inflatus

CÉNOMANIEN

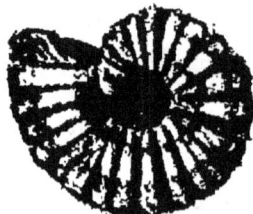

Ammonites falcatus　　Ammonites varians　　Am. cenomanensis

Ostrea Columba

Janira quinquecostata

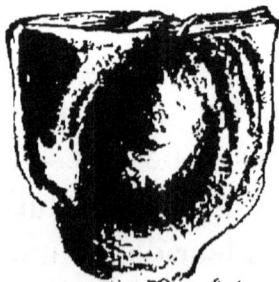

Siphonia costata

Ostrea vesicularis

Ostrea biauriculata

Th. Moreux del.　　　　　　Phototypie J. Royer. — Nancy.

Dans le Berry, l'Aptien supérieur ou Gargasien est seul représenté. Des sables et des grès à grains grossiers, prolongement des sables de l'Yonne et du Nivernais (sables glauconnieux
de Cosne, à *Scalaria Gaultina* et *Thetis minor*), se voient auprès
de Sancerre (de Fontenay à Saint-Satur et dans la direction de
Saint Bouise où ils affleurent très peu). Entre Crésancy et Sens-
Béaujeu, ils forment deux massifs isolés que l'on exploite. Les
sables surtout y sont très fossilifères et contiennent une quantité d'*Ammonites de Millet* (*Ammonites Milletianus* ou *Milleti*).
Le dépôt principal commence à Santranges, où les grès fournissent des moëllons durs, continue sur le flanc des collines
vers Assigny (les Perrières), Subligny, Le Noyer, Menetou-
Ratel et se prolonge en bordure du terrain précédent jusqu'au
nord de Mehun, pour reprendre entre Massay et Genouilly. Dans
cette dernière partie, l'Aptien affecte principalement la forme
de grès tandis que, dans la région moyenne du Cher, les sables
dominent et sont beaucoup employés en mortiers dans les constructions.

Dans cet étage, les fossiles sont peu abondants (*Ammonites
Milleti, Amm. tardefurcatus*).

ÉTAGE ALBIEN. — L'étage *Albien* est le plus
important de l'Infracrétacé. Il se compose, dans l'Est
du bassin de Paris, de deux assises : l'une, sableuse,
est désignée sous le nom de SABLES VERTS et se confond
facilement avec l'Aptien supérieur ; l'autre, surtout
argileuse, porte le nom anglais de GAULT. L'assise
inférieure (sables verts) est très développée des
Ardennes à la Nièvre ; elle semble garnir tout le fond
du bassin neustrien, et c'est elle surtout qui, grâce à
sa grande perméabilité et à l'étendue de ses affleurements, absorbe en abondance les eaux pluviales, les
reçoit entre deux couches imperméables (argiles à
Plicatules et argiles du Gault) dans les régions les
plus basses et alimente ainsi les puits artésiens de
Paris. Toute la région alors couverte par la mer Neus-

trienne forme en effet comme une vaste cuvette dont Paris occupe le centre.

La zone supérieure, correspondant au Gault, existe seule chez nous. Elle s'y compose d'une couche d'argiles tégulines que l'on désigne sous le nom d'ARGILES DE MYENNES, à cause de son développement remarquable au bourg de ce nom situé sur la rive droite de la Loire, au nord de Cosne, et d'une couche de sables ferrugineux, appelés SABLES DE LA PUISAYE, parce qu'ils ne sont que la continuation de l'importante couche sableuse de cette commune du Nivernais. Ces sables sont, par endroits, surmontés de *graviers* quartzeux renfermant des *nodules de phosphates de chaux.*

Les ARGILES DE MYENNES fines, bleuâtres, micacées, avec les concrétions ferrugineuses, conservent le même *facies* d'un bout à l'autre, dans le Berry. Elles sont beaucoup employées dans les tuileries.

De très minces bandeaux apparaissent au nord de Saint-Satur et à l'Est de Sancerre jusqu'à Saint-Bouise (Fretoir). On les retrouve ensuite plus abondamment à Assigny, Subligny, Jars, Menetou-Ratel, où elles dominent partout les sables aptiens et d'où elles les accompagnent, sur une largeur moyenne de 500 mètres, jusqu'à Saint-Martin-d'Auxigny. Ce sont ces argiles qui, à La Borne, sont employées à la confection des poteries. Elles ne dépassent pas à l'Ouest le méridien de Bourges.

Les SABLES DE LA PUISAYE, fins, siliceux, ferrugineux, jaunâtres dans la région de Sancerre, se transforment à l'Ouest en sables grossiers et en grès saccharoïdes. Ils surmontent les argiles de Myennes dans tous les endroits que nous venons d'indiquer, et poussent plus loin à l'Ouest jusqu'au Sud d'Allogny, où ils couvrent une assez grande surface.

Dans le Sancerrois, ils forment une couche de 40 mètres environ, supportant une couche de *graviers siliceux*, épaisse de quelques centimètres et contenant des *nodules de phosphate de chaux*. Les géologues ne sont point d'accord sur l'origine de ces phosphates que l'on rencontre d'ailleurs dans plusieurs terrains appartenant à des périodes géologiques différentes. Les eaux souterraines, chargées de principes acides, en auraient enlevé les éléments aux roches de l'inté-rieur et les auraient déposés, en arrivant à la mer, autour des corps organiques en décomposition qu'elles venaient à couvrir : spongiaires, bois fossiles, débris de coquilles, etc. Quoiqu'il en soit, ces concrétions phosphatées sont très précieuses pour l'agriculture qui les utilise comme amendements ou comme engrais, à l'état naturel ou après leur avoit fait subir une opération chimique qui les rend plus assimilables.

On les a exploitées à Assigny et à Vailly, sur les bords de la Sallereine et de la Sauldre ; mais le Gault supérieur n'en con-tient point dans la région moyenne du Cher. Les fossiles sont abondants dans les nodules phosphatés (*Ammonites inflatus, Amm. Renauxi ou Renauxianus, Opis Hugardi*).

Le Gault supérieur se retrouve avec un *facies* un peu diffé-rent, au-delà de Vierzon, à Saint-Hilaire-de-Court, sur une faille, et de Dampierre-en-Graçay jusque dans la vallée de Fou-zon, qu'il borde des deux côtés. Il est surtout développé au Nord de Genouilly et d'Anjouin, à Dun-le-Poëlier, à Saint-Chris-tophe-en-Bazelle, laissant quelques traces isolées au Sud d'An-jouin. Il affecte dans ces endroits la forme de *sables fins* souvent agglutinés en *grès lustrés*. De l'autre côté de la vallée, il remonte de Saint-Christophe à Orville, et de là, envoie un prolongement extrêmement réduit qui, après plusieurs déviations, vient entourer l'îlot crétacé de Luçay-le-Libre et Giroux. Cet étroit prolongement offre quelque intérêt par ce qu'il est constitué de *marnes sableuses* comprenant à Giroux, Luçay et Meunet quelques nodules de phosphate.

Les affleurements des sables du Gault, assez élevés dans le Sancerrois, forment comme ceux de l'Albien inférieur d'excellentes zones d'absorption pouvant donner lieu à des nappes artésiennes dans les contrées plus basses.

ARTICLE SIXIÈME

Système Crétacique.

2° SÉRIE SUPRACRÉTACÉE

Les terrains de la série Supracrétacée offrent avec ceux de la période Infracrétacée des différences considérables. Le Supracrétacé, presque exclusivement de formation marine, est caractérisé par la CRAIE roche calcaire, blanche, tendre, fine et traçante, composée d'un amas de corpuscules microscopiques, cimentés par une pâte de calcaire amorphe. Ces corpuscules, si petits qu'on estime à près d'un million le nombre de ceux qui peuvent être contenus dans un centimètre cube de craie, sont des coquilles de Foraminifères ou de Radiolaires, animaux de l'embranchement des Protozoaires, représentés surtout, durant cette période, par les genres *Globigerina*, *Orbitolina*, *Orbitoïdes*.

Dans la craie on rencontre souvent des NODULES DE

SILEX plus ou moins gros et parfois très abondants : ils sont attribués à la concentration des éléments siliceux des tests de Radiolaires et des spicules d'Éponges vivant à la même époque ; concentration opérée au sein de la masse crayeuse, principalement autour de corps organiques en décomposition.

Outre la craie, les mers crétacées virent se produire, en certaines régions peu profondes, une autre roche appelée *calcaire à Rudistes*, parce qu'elle est une accumulation de coquilles de Rudistes, Mollusques de la classe des Acéphales, accompagnées de nombreux Polypiers.

Dans les parages où la mer moins profonde était plus agitée, les dépôts calcaires sont moins purs et empruntent aux continents sur lesquels ils s'appuient des éléments détritiques, avec lesquels ils composent des MARNES et SABLES.

La *flore* s'enrichit remarquablement durant cette période. Pour la première fois apparaissent des végétaux DICOTYLÉDONES, représentés par des *Platanes*, des *Saules*, des *Peupliers*, des *Figuiers*, des *Châtaigniers*, des *Lierres*, etc. La venue de ces arbres à feuilles caduques et à fleurs apparentes prouve que le jeu des saisons commençait à se faire sentir sur le globe et que le soleil, suffisamment condensé, répandait dès lors de brillants rayons. Nos contrées possédaient encore, à côté de ces espèces nouvelles, de nombreux Conifères, des *Palmiers* et de grandes *Fougères*.

La *faune* se modifie beaucoup moins. Elle comprend des OISEAUX singuliers, qui portaient des dents (*Odontornis, Ichtyornis,* etc.) Parmi les CROCODILIENS, le plus curieux est le MOSASAURE (saurien de la Meuse), grand Lézard de 8 mètres de long, dont la tête seule mesurait deux mètres et dont le palais était tout garni de dents aiguës et recourbées en arrière. On en a trouvé un beau spécimen près de Maëstricht, en Hollande [1].

Les *Brachiopodes* donnent abondamment les *Térébratules*, les *Rhynchonelles*, les *Térébratulines*, les *Térébratelles*.

Les *Céphalopodes* fournissent encore plusieurs espèces de *Bélemnites* et d'*Ammonites* ; mais on rencontre de plus en plus nombreuses les familles à tours déroulés ou à coquille droite : les HAMITES, les TURRILITES, les SCAPHITES, les BACULITES.

Les *Bivalves* ont de nouvelles espèces d'*Huîtres*, des *Trigonies*, des INOCERAMES, des CHAMIDES (*Chama, Caprina, Caprotina*) et surtout des RUDISTES, famille qui doit son nom à la nature grossière de ses coquilles composées de deux valves très inégales, dont l'une logeait l'animal et l'autre, simple opercule, fermait la première. Les principaux genres de Rudistes sont les *Hippurites*, les *Radiolites*, les *Sphérulites*.

Les *Oursins* sont largement représentés par les genres MICRASTER, HEMIASTER, DISCOÏDEA, CIDARIS, etc.

Les *Polypes* et les *Gastéropodes* sont devenus rares ; mais les *Foraminifères* pullulent (*Globigérines, Orbitolines, Sidérolithes,* etc.)

Les dépôts supracrétacés affleurent en France sur de vastes surfaces. Dans la région méridionale, la

---

1. La tête de ce Mosasaure orne maintenant les galeries du Muséum de Paris.

Provence, les Charentes, le calcaire à Rudistes domine ; dans le bassin de Paris, au contraire, c'est la craie, du moins à l'Est et au centre, où, pendant de longs siècles, les minuscules organismes purent, lentement, au sein d'une mer calme et tranquille, s'accumuler comme une véritable neige calcaire. L'épaisseur des couches dépasse souvent plusieurs centaines de mètres. Le calcaire à Rudistes n'existe point dans le bassin de Paris.

Tout le littoral de la Manche, de l'embouchure de la Seine au cap Blanc-Nez, est formé d'une craie plus ou moins pure ; les côtes d'Angleterre, en face de Calais, sont de la même formation, et c'est, dit-on, à la couleur sous laquelle on les aperçoit des côtes de France, que l'île britannique doit son nom d'*Albion*.

De l'Artois, le Crétacé s'étale sur toute la Champagne et, de là, par le Nord du Nivernais et du Berry, ses affleurements se prolongent sur le pourtour occidental du bassin parisien jusque dans la Normandie.

Mais de ce côté, du Sancerrois à Rouen, en passant par Le Mans, le véritable type crayeux est assez mal représenté, et le calcaire, mêlé de silice et d'argile, y prend souvent la forme de marnes, de sables et de grès.

La mer, peu profonde et trop agitée, ne permit sans doute point à la fine pâte à Globigérines de se déposer tranquillement dans son sein, mais y introduisit d'autres éléments arrachés aux roches sous-jacentes ou apportés par les eaux sauvages de l'Armorique et du Plateau-Central.

Le Supracrétacé berrichon s'allonge, d'une manière irrégulière mais à peu près ininterrompue, d'un bout à l'autre de la province, du Nord-Est jusqu'au milieu des confins occidentaux, des collines du Sancerrois à la Brenne. Nous allons l'y examiner étage par étage.

Les étages que comprend cette série sont au nombre de quatre : le **Cénomanien** (Le Mans), le **Turonien** (Tours), le **Sénonien** [1] (Sens) et le **Danien** (Danemark). Ce dernier, qui n'a laissé en France que quelques lambeaux épars d'un calcaire jaune à petits grains, nommé *calcaire pisolithique,* n'existe point dans le Berry.

ÉTAGE CÉNOMANIEN. — Le *Cénomanien,* assez développé dans notre pays, varie considérablement ses dépôts en allant de l'Est à l'Ouest. Dans le Sancerrois, il participe de la formation crayeuse spéciale à ce côté du bassin de Paris ; puis, il prend peu à peu un *facies* sableux et ce n'est plus que sous cette forme qu'on le rencontre à l'Ouest du méridien de Châteauroux. Il comprend, d'une manière générale, trois grandes assises qui sont connues sous les noms de CRAIE GLAUCONNIEUSE, SABLES DE VIERZON et MARNES A OSTRACÉES.

Dans la région moyenne du Berry, aux environs de Vierzon, ces trois assises sont assez nettement caractérisées.

La CRAIE GLAUCONNIEUSE s'y montre sous la forme de marnes argileuses, grises ou noirâtres, dont les couches inférieures sont

---

1. M. de Lapparent (*Traité de Géologie,* 3e édition), remplace le Sénonien par deux autres étages : l'EMSCHÉRIEN (Emscher, en Westphalie) et l'ATURIEN (la rivière Adour).

employées pour amendements. Elle renferme parfois, dans les couches supérieures, de l'OCRE, comme à Thénioux et à Saint-Georges-sur-la-Prée (les Ocreries), ou du KAOLIN, comme à Saint-Palais (la Caroline). L'*ocre* est une fine argile fortement colorée par un oxyde de fer. L'ocre des ocreries de Saint-Georges était fort estimée autrefois sous le nom d'*Ocre jaune de Vierzon*. Les minéralogistes l'ont même décorée d'un nom particulier : la VIERZONITE.

Le *kaolin* est une argile blanche très pure qui est employée dans la fabrication de la porcelaine.

Ordinairement puissante d'une quinzaine de mètres, la craie glauconnieuse perd de son importance à l'Ouest et finit par disparaître complètement non loin de Vatan. A l'Est, au contraire, elle revêt davantage la forme crayeuse qu'elle conserve au delà de la Loire. A Villegenon, elle est encore fortement chargée d'argile et de silice et forme à l'aide de ces deux principes une roche assez dure, légère et poreuse, qu'on appelle GAIZE. Plus loin, elle se compose à peu près uniformément d'une sorte de *craie marneuse*, blanchâtre, micacée, riche en argile, à cassure terreuse, et tachetée de grains de *glauconie* dans les parties les plus basses.

Très étroits de Reboursin à Saint-Christophe, les affleurements du Cénomanien inférieur s'élargissent de Saint-Christophe à Saint-Hilaire de Court. Autour de Vierzon, ils sont masqués presque complètement par les alluvions apportées par le Barangeon, l'Yèvre, l'Arnon et le Cher : une bande assez longue apparaît sur la rive droite du Barangeon, de Vignoux à Saint-Laurent. Ils reprennent ensuite à l'Ouest d'Allogny et suivent en mince ruban les couches albiennes jusqu'à Villegenon, laissant un grand îlot sur la droite de la Sauldre, entre Thou et Menetou-Ratel. Au delà de Villegenon, ils se développent davantage : descendant la vallée de la Sauldre jusqu'à Blancafort et revenant ensuite, par Barlieu, couvrir presque tout le territoire, de Sury-ès-Bois jusqu'auprès d'Assigny. A l'Est de la faille de Sancerre, ils forment quelques petits massifs à Belleville, Léré, Boulleret, Santranges, Savigny, Saint-Satur, et s'aperçoivent sur le revers oriental des mamélons de Sancerre et de l'Orme-au-Loup.

Les fossiles les plus communs sont *Ammonites Mantelli* et *Ammonites falcatus*. Toute l'assise est d'ailleurs très fossilifère. (*Ammonites varians, Turrilites Scheuchzeri, Ostrea vesiculosa,*

Pecten asper, Holaster subglobosus, Nautilus elegans, Corbis cordiformis, Janira quinquecostata, Trigona spinosa.)

Les SABLES DE VIERZON sont des sables généralement fins, jaunes ou blanchâtres, quelquefois colorés en rouge vif et souvent agglutinés en grès durs, lustrés. Ils n'existent pas dans le voisinage de la Loire, et ne commencent à se bien distinguer qu'au Nord-Ouest de Neuilly-en-Sancerre (les Petits) et dans la vallée du Vernon où on les voit jusqu'au Nord de la Chapelotte. Ils contiennent souvent dans ces parages des lits de *gaize*. Près de la Motte d'Humbligny, ils forment une épaisseur de 40 mètres de sables jaunâtres avec mica argentin et de *grès psammites*, c'est-à-dire des grès dont les grains sont réunis par un ciment argileux micacé.

Passant ensuite au Sud d'Henrichemont, ils rejoignent la petite Sauldre et, de là, s'étendent sur Achères, Méry-ès-Bois (l'étang des Bois), Allogny, Vouzeron, Saint-Laurent, Vierzon et jusqu'à Thénioux. Au Nord de l'Yèvre et du Cher, ils conservent généralement la forme de sables et sont exploités en grand à Vierzon-Village. De l'autre côté, au contraire, à Bourgneuf et, en quelques massifs isolés, à Saint-Hilaire et à Saint-Georges, ils fournissent surtout des grès très durs, à cassure lustrée, imprégnés de *calcédoine*, et qu'on emploie pour le pavage. La *calcédoine* est un mélange de quartz cristallisé et de quartz amorphe.

Dans l'Indre, cette assise commence au Nord de Dun-le-Poëlier, s'étend de Sainte-Cécile à Reboursin et se dirige ensuite au Sud-Ouest, sur une largeur moyenne de deux kilomètres, par Guilly, Aize, Rouvres, Bouges, Moulins, jusqu'à Villegouin. Reprenant au delà de la Creuse, à Buzançais, elle contourne l'Astartien à Murs pour remonter jusqu'à Vendœuvres. Mais en avançant vers l'Ouest, elle se confond de plus en plus avec la couche suivante qui se charge de sables à son tour. Elle se compose du reste, comme dans le Cher, de 30 à 40 mètres de sables tantôt purs, fins, jaunes, ferrugineux, tantôt argileux et glauconieux, ou consolidés en grès durs et brillants (Vendœuvres).

La faune de cette assise est abondante et variée (*Caprotina striata, Ostrea* ou *Exogyra columba* (*media* et *minor*), *Ostrea flabellata, Ostrea carinata, Ostrea pseudo-vesiculosa* ; *Anorthopygus orbicularis, Goniopygus Menardi, Collaldia Benelliæ, Catopygus columbarius* ; *Caratomus faba, Pseudodiadema tenue,*

Peltastes acanthoïdes, Janira cometa; *Rhynchonella compressa*; *Ammonites Gentoni, Ammonites cenomanensis* (pl 5).

Les MARNES A OSTRACÉES, ainsi nommées à cause de l'abondance des Huîtres qu'elles renferment et en particulier de l'*Huître pigeon* (OSTREA COLUMBA) (pl. 5), sont d'une nature assez complexe. Elles sont constituées ordinairement par une *craie argileuse* verdâtre, supportant des couches d'*argile verte*, siliceuse, et des lits de *gaize*, avec des fossiles siliceux abondants, (*Ostrea columba media et minor, Ostrea vesiculosa* (pl. 5), *Ostrea flabellata, Ostrea biauriculata* (pl. 5), *Ammonites Rhotomagensis, Ammonites Gentoni, Ammonites cenomanensis* (pl. 5), *Ammonites fulcatus* (pl. 5), *Ammonites varians* (pl. 5), *Holaster nodulosus*).

Elles apparaissent à l'Est de Sancerre, au-dessus de la craie glauconnieuse (Orme-au-Loup).

Dans l'Ouest du Sancerrois, ces couches sont très développées, mais en grande partie cachées par les argiles tertiaires et visibles à peu près uniquement dans les vallées. De Sury-ès-Bois (la Thomasserie) jusqu'au dessous de Blancafort et, de l'autre côté de la Sauldre, de Blancafort aux environs de Neuilly (Bois de Sens-Beaujeu, les Petits), les marnes à Ostracées font à la craie glauconnieuse une étroite bordure d'une épaisseur de 15 mètres environ. Des marnières y sont ouvertes, principalement entre Barlieu et Blancafort, qui fournissent beaucoup de marnes à la Sologne.

On peut signaler comme appartenant à la même formation un petit noyau à l'Est de Jars, au milieu de la craie glauconnieuse, un autre en haut de la vallée de l'Oizenotte, à l'Est d'Oizon, un troisième, beaucoup plus long, sur les bords de la haute Nère jusqu'auprès d'Aubigny.

Du bois de Sens-Beaujeu, l'assise continue, en lisière des sables de Vierzon maintenant, entourant la Motte d'Humbligny et le plateau d'Henrichemont. Elle suit les vallées de la petite Sauldre et de ses affluents presque jusqu'à Ennordres, va d'Achères aux sources du Barangeon, de là au Nord d'Allogny, rejoint le Barangeon à Neuvy et s'étend jusqu'à Thénioux en suivant à droite la vallée du Barangeon et du Cher.

La largeur de ces affleurements dépasse rarement 300 mètres.

Dans l'Indre, l'assise des marnes à Ostracées change considérablement de nature et devient de plus en plus sableuse. On l'aperçoit sur la rive du Cher, à l'Est de Chabris, dans la vallée du Fouzon, de Varennes à la Vernelle ; mais surtout, à partir de Parpeçay et de Sainte-Cécile, dans les vallées du Renon, du Nahon et des ruisseaux qui viennent les grossir. On l'exploite pour amendement à Buxeuil. Interrompue dans la vallée du Nahon, sur le territoire de Valençay, elle reprend à Veuil et remonte jusqu'à Pellevoisin. Après cela, jusqu'à Vendœuvres, on rencontre seulement, à la partie supérieure des sables cénomaniens, quelques lentilles marneuses à *Ostrea columba*, seuls représentants des marnes à Ostracées.

Tout à fait à l'Ouest, entre Tournon et Lureuil, quelques petits massifs isolés laissent voir les deux assises supérieures de l'étage Cénomanien.

ÉTAGE TURONIEN.— L'étage *Turonien*, dont les affleurements sont extrêmement réduits dans le Cher, est assez développé dans l'Indre, du moins vers le Nord, pour qu'on y puisse observer les deux sousétages qu'on lui reconnait habituellement : le LIGÉRIEN (Loire) et l'ANGOUMIEN, (Angoulême).

On ne signale dans le département du Cher que deux lambeaux de craie turonienne : l'un dans la vallée de la Sauldre, au dessous de Blancafort, l'autre dans la vallée de la Nère, en amont d'Aubigny. C'est une craie marneuse blanchâtre, grossière, assez dure, qui correspond au *Ligérien inférieur*. On l'utilise comme marne dans ces deux localités. Les fossiles n'y sont pas rares. (*Rhynchonella Cuvieri* ; *Inoceramus labiatus*, *Cidaris ligeriensis*, et quelquefois *Discoïdea minima* et *Echinoconus subrotundus*.)

LE LIGÉRIEN, dans la vallée du Cher et les vallées avoisinantes, est formé de deux assises d'une épaisseur totale de 25 à 30 mètres. L'assise inférieure est une *craie blanche*, tendre, micacée, avec des silex noirs vers le haut et peu de fossiles. (Les précédents et *Discoïdea infera*.) Au dessus se montre l'assise la plus caractéristique du Turonien, c'est-à-dire la *craie de Touraine* ou CRAIE TUFFEAU, exploitée sur la rive droite de la Loire sous le nom de *pierre de Bourré*. C'est une craie tendre, un peu jaunâtre, micacée, à texture sableuse, d'un grain fin et régulier, durcissant à l'air. Elle se taille très facilement et on l'emploie beaucoup dans les constructions. Elle est exploitée en de nombreux endroits dans la vallée du Modon, à Villantrois et Lucay-le-Mâle, et, plus à l'Ouest, à Faverolles. La faune du tuffeau comprend, dans cette région, principalement des Huîtres et de grandes Ammonites. (*Ammonites peramplus, Ammonites papalis, Ammonites deverioïdes, Arca ligeriensis, Cardium productum. Trigonia scabra.*)

Très visibles encore dans le haut de la vallée du Renon, vers Boxeuil, assez apparents dans la vallée du Nahon et toutes les vallées voisines, particulièrement à Valençay, Veuil, Langé, Baudres, Jeu-Maloches et Heugnes, les affleurements ligériens ne sont plus aussi discernables dans la vallée de l'Indre et au delà. Ils revêtent un *facies* différent et se rapprochent de l'Angoumien avec lequel nous allons les reprendre.

L'ANGOUMIEN n'est pas bien étendu dans le Nord du département de l'Indre. On peut le remarquer dans les parties hautes des rivières, au-dessus du Ligérien, sur les confins occidentaux du département, près de Faverolles, à Écueillé, à Prioux, à Saint-Médard. Il y constitue une assise de 25 à 30 mètres de *calcaires jaunâtres* à texture gréseuse et noduleuse, renfermant beaucoup de Bryozoaires, de petites Huîtres, d'Oursins et d'Ammonites. (*Serpula filosa; Exogyra Turonensis, Ostrea eburnea, Ostrea columba major* ou *gigas, Ostrea santonensis ; Catopygus Ebrayi, Hemiaster nucleus, Hem. Leymeriei, Cyphosoma regulare, Periaster conicus ; Ammonites Deveriai, Amm. Requieni.*)

Dans les vallées de l'Indre, de l'Aigronne et de la Claize, l'étage Turonien, assez épais, offre à sa base des *calcaires marneux* tendres se délitant à l'air en feuillets minces, assez semblables à la *craie marneuse* que nous avons vue dans le Cher et contenant les mêmes fossiles. Au-dessus, correspondant au *tuffeau*, se trouve une *craie micacée*, blanche, qui fournit une pierre de médiocre qualité. Les couches supérieures, qui se rapportent à l'*Angoumien*, donnent des *calcaires durs*, sublamellaires, à cassure brillante, formant une bonne pierre de taille (PIERRE DE CLION. *Palluau, Cléré-du-Bois, Obterre*), et des *calcaires marneux* jaunes ou même bruns, à texture sableuse, souvent tachetés de glauconie.

Après avoir laissé d'importants dépôts de calcaires durs des deux côtés de l'Indre, de Saint-Genou à Châtillon, le Turonien se resserre à Murs et Villiers, pour se répandre ensuite, principalement sous forme de calcaires marneux, dans tout l'espace compris entre les villages de Saulnay, Villiers, Obterre et la vallée de la Claize.

ÉTAGE SÉNONIEN. — L'*Étage Sénonien* est très important au Centre et à l'Est du bassin de Paris. L'épaisseur de ses couches est souvent de plus de 100 mètres ; au-dessous de la capitale, elle dépasse 360 mètres, d'après ce que l'on a constaté en opérant le forage des puits artésiens. Ses affleurements sont très développés dans les départements de l'Yonne, de l'Aube, de la Marne et de l'Aisne. Ce sont eux qui, dans l'Aube, forment les plaines incultes de la Champagne pouilleuse. A l'Ouest du méridien de Paris, ils sont au contraire très restreints. Cet étage est formé presque exclusivement d'une *craie blanche,* fine et traçante, contenant de nombreux silex. C'est la craie sénonienne qui est généralement employée pour faire le BLANC DE MEUDON et le BLANC D'ESPAGNE.

Le Sénonien n'a point laissé de craie dans le Berry ; mais parmi les silex qui abondent à la partie supérieure des argiles éocènes, notamment sur les collines occidentales du Sancerrois jusqu'aux abords de la Sologne et dans le Nord de l'Indre, un très grand nombre contiennent des fossiles qui appartiennent d'une façon très caractéristique à l'époque Sénonienne, principalement des Oursins des genres *Micraster* et *Ananchytes.* Ces silex semblent bien attester que dès couches de craie se sont déposées là autrefois, qui plus tard ont disparu par érosion, dissolution, ou sous des influences chimiques mal connues, laissant en place les cailloux qu'elles contenaient. Cette question reviendra d'ailleurs dans le chapitre suivant.

CHAPITRE QUATRIÈME

TERRAINS TERTIAIRES

Une ère d'un caractère tout-à-fait nouveau allait succéder aux périodes tranquilles que nous venons de parcourir.

Nous avons vu le Plateau Central progressivement agrandi se rattacher à l'Armorique d'un côté, et de l'autre aux Vosges et aux Ardennes, dressant ainsi les premières grandes lignes du sol français.

Nous avons vu le Berry émerger peu à peu, par le recul presque régulier que la mer Septentrionale avait été contrainte d'opérer pendant l'ère Secondaire, grâce aux matériaux détritiques du Trias, aux constructions coralliennes du Jurassique, et aux accumulations des Foraminifères du Crétacique.

Pendant l'ère Tertiaire, l'exhaussement des continents va se poursuivre, la région française verra ses contours se déterminer d'une façon à peu près définitive : les grands golfes Aquitanien et Neustrien et la grande dépression lyonnaise, se comblant peu à peu, mettront au jour le sol heureux où s'élèveront plus tard Paris, Lyon, Bordeaux, Toulouse[1].

---

1. Rome et Londres sont également bâtis sur un sol tertiaire.

Mais la dynamique externe, qui avait été à peu
près l'unique agent pendant l'ère Secondaire, ne sera
maintenant plus seule en jeu. L'activité interne, à
peu près endormie depuis le commencement de la
période Triasique, va se réveiller et se livrer à des
manifestations puissantes et répétées. Sous son
influence, les continents, bas et plats, se soulèvent,
s'inclinent, se plissent et se disloquent, donnant naissance aux grandes chaînes de montagnes. Les Pyrénées et les Alpes datent de l'ère Tertiaire, ainsi que
nos petites collines du Sancerrois.

Nous verrons, en particulier dans le Berry, ces
secousses internes déterminer successivement des
soulèvements du sol ou des affaissements, qui ramè-
nent la mer vers la région ou la refoulent au loin,
imposant chaque fois de profondes modifications aux
dépôts de la surface.

En même temps, des brisures se produisent dans
le sol, et, par les fentes ainsi ouvertes, sortent des
émanations qui joueront un rôle très important dans
la formation des terrains de cette époque. Leur
influence est surtout marquée dans notre pays par les
abondants gisements de MINERAI DE FER DU BERRY.

Les conditions climatériques subissent comme les
conditions géologiques une nouvelle phase. L'abaisse-
ment continu de la température amène des espèces
nombreuses et variées d'animaux et de plantes, qui se
rapprochent de plus en plus des espèces que nous
possédons actuellement.

Les grands Reptiles de l'ère Secondaire ont disparu

pour la plupart, cédant la place à de nombreux **Mammifères.**

Le règne des Ammonites est fini ; les autres *Céphalopodes* sont rares ; tandis que les *Gastéropodes* et les *Bivalves,* ainsi que les *Foraminifères,* sont encore très développés, du moins au début. Les *Brachiopodes* diminuent d'importance.

Les végétaux Cryptogames et les Phanérogames Gymnospermes diminuent aussi d'importance dans la région française, au profit des PHANÉROGAMES ANGIOSPERMES **(Monocotylédones** et **Dicotylédones) :** *Palmiers* et arbres à feuilles caduques et à fleurs.

Les terrains Tertiaires sont partagés, d'après la proportion des espèces actuelles que renferment leurs fossiles, en deux *systèmes,* comprenant chacun deux *séries* dont les noms indiquent le degré qu'elles occupent dans la suite des périodes relativement récentes qui composent cette ère. Le système **Eogène** comprend la série ÉOCÈNE (ἕως, *aurore*, καινός, *récent*, aurore des formes récentes) et la série OLIGOCÈNE (ὀλίγος, *peu*). Le système **Néogène** se compose de la série MIOCÈNE (μεῖον, *moins*, par comparaison avec le dernier) et de la série PLIOCÈNE (πλεῖον, plus).

ARTICLE PREMIER

Système Eogène.

1° SÉRIE EOCÈNE

Les dépôts de la série Eocène, ainsi que les autres dépôts tertiaires, ne présentent plus de formations régulières et continues. Ils constituent ordinairement des massifs isolés plus ou moins étendus, dont il est souvent difficile de fixer l'âge relatif à cause des différences de *facies* minéralogique et des fossiles.

Dans le bassin de Paris, l'Eocène comprend des SABLES ARGILO-CALCAIRES, des ARGILES fréquemment employées pour la poterie et le modelage (*argile plastique*), plus un CALCAIRE GROSSIER riche en fossiles (Nummulites et Cérithes), enfin des MARNES et des assises de GYPSE. Dans la région de la Méditerranée, la zone des CALCAIRES A NUMMULITHES est particulièrement développée.

Les *Mammifères* comptent, durant cette période, parmi leurs espèces les plus intéressantes ou les plus abondantes, plusieurs **Pachydermes :** le PALŒOTHERIUM, le LOPHIODON, le PACHINOLOPHUS, l'ANOPLOTHERIUM; quelques **Ruminants,** comme le XIPHODON, et une sorte de Rhinocéros, l'ANTRACOTHERIUM.

Les *Palœotheriums* (παλαιός, ancien, θήρ, animal) étaient des espèces de Tapirs analogues à ceux qui vivent aujourd'hui dans les îles de la Sonde et en Amérique. Leurs dimensions variaient, suivant les espèces, de la

taille d'un agneau à celle d'un cheval. Le *Lophiodon*
et le *Pachinolophus* appartiennent au même genre.
L'*Anoplotherium* (ἄνοπλος, sans armes) dont la taille
était celle d'un âne, avait la peau nue, les pieds four-
chus et une énorme queue aussi longue que le reste
du corps. Amphibie à la façon de nos Hippopotames,
il nageait facilement, grâce à sa queue qui lui servait
de gouvernail. Il allait à l'eau pour échapper à la
poursuite de ses ennemis ou bien pour chercher les
herbes marécageuses dont il faisait sa nourriture. La
restauration de l'Anoplotherium fut pour Cuvier
l'occasion d'un beau triomphe. La description qu'il
avait faite de l'animal en s'appuyant sur les principes
d'anatomie qu'il avait posés lui-même, fournit à ses
détracteurs l'occasion de dire que cette description
d'un animal inconnu, fondée sur quelques ossements,
était bien un peu fantastique et n'avait de réalité que
dans l'imagination de Cuvier. Mais le hasard voulut
qu'un squelette complet de l'animal, trouvé dans les
carrières de Montmartre, vint justifier absolument
l'illustre savant.

A côté de ces grands Pachydermes, on constate un
CARNIVORE du genre *Chien*. Dans les Océans vivaient
des *Dauphins* et de grands *Requins* (*Carcarodon*), et
dans les fleuves des *Tortues* à trois doigts (*Trionyx*).
Enfin, un SINGE du genre *Macaque* gambadait dans les
forêts de l'époque.

Les *Oiseaux* ont comme principal représentant le
GASTORNIS, plus grand que l'Autruche, trouvé par
M. Gaston Planté dans les environs de Paris. Beaucoup
d'autres Oiseaux semblables aux Hiboux, aux Bécasses,

aux Cailles, aux Courlis, etc., peuplaient les terres, et leur voix, se mêlant à celle des Mammifères, venait rompre le long silence des airs, silence que troublait seul autrefois le monotone sifflement des Reptiles.

Les nombreux Mollusques de haute mer tels que les Ammonites et les Bélemnites ont disparu et fait place aux coquilles de rivage et d'eaux douces.

Les *Bivalves* fournissent les *Nérites,* les *Fuseaux,* les *Turritelles.*

Les Gastéropodes offrent surtout dans les formations marines les *Cardes* et les *Cérithes,* et dans les formations d'eaux douces, des *Unios,* des *Paludines,* des *Limnées* et des *Planorbes.* Les Cérithes donnent une espèce, la *Cérithe géante,* qui pouvait atteindre jusqu'à 0^m 70 de longueur.

Le genre le plus abondant des Protozoaires est celui des *Nummulithes,* principalement dans la région méditerranéenne. Ces animaux sont ainsi appelés parce que leur test a la forme d'une pièce de monnaie. Certaines espèces, plus petites, ressemblent à des lentilles.

La flore, dans cette première période de l'ère Tertiaire, possédait encore principalement, dans notre région, des *Conifères* et des *Palmiers.* D'autres espèces, propres aux pays tempérés, prouvent que le climat de l'Europe était devenu moins chaud; mais l'hiver ne se faisait point encore sentir.

Les affleurements éocènes couvrent de grandes surfaces en Picardie, en Normandie, dans le Soissonnais, et une bonne partie de l'Ile-de-France. Au Sud, on trouve le calcaire à Nummulithes dans les Pyrénées et les Alpes. La même formation se reconnaît en Hongrie, en Asie-Mineure, en Perse, sur l'Himalaya ; les pierres qui ont servi à la construction des Pyramides sont du calcaire nummulithique.

On distingue dans la série Eocène jusqu'à six étages, dont les trois premiers renferment généralement, dans le bassin de Paris, des *sables calcaires* (SABLES DE BRACHEUX), des *argiles plastiques* et des sables *nummulithiques,* tandis que dans les autres dominent des *calcaires grossiers,* des *marnes* (MARNES DE SAINT-OUEN) et des *gypses.* Ces derniers couvrent tout le Soissonnais, le Laonnais, presque toute l'Ile-de-France, une bonne partie de la Picardie et de la Normandie[1].

Cette série n'est représentée dans le Berry que par deux sortes de dépôts, d'ailleurs très intéressants : les premiers, étendus et puissants, appartiennent vraisemblablement à l'étage de l'*argile plastique* (SPARNACIEN) et sont connus sous le nom d'**argile à silex ;** les autres, extrêmement réduits, mais célèbres autrefois par leur richesse en fossiles, peuvent se rattacher aux *calcaires grossiers* (étage LUTÉTIEN) : ce sont les **marnes des Prunes.**

ARGILE A SILEX. — Les dépôts ainsi désignés offrent un caractère assez particulier et ne se rencon-

---

1. Voici le nom de ces étages : 1° le *Thanétien* (Thanet, à l'embouchure de la Tamise ; 2° le *Sparnacien* (Sparnacum, Epernay) ; 3° l'*Yprésien* (Ypres, en Flandre) ; 4° le *Lutétien* (*Lutetia,* Paris) ; 5° le *Bartonien* (Barton, en Angleterre) ; 6° le *Ludien* (Ludes, dans la montagne de Reims).

trent guère que sur la lisière méridionale et occidentale du bassin de Paris.

Ils ont dû se produire pendant la première partie de la période, lorsque la mer opérait dans nos contrées un mouvement de recul. Ils se composent essentiellement d'une *argile blanchâtre* plus ou moins mélangée de *sables quartzeux*. Cette argile, dont la puissance atteint jusqu'à 30 mètres parfois et que le voisinage des minerais de l'étage suivant ont, en beaucoup d'endroits, durcie et colorée en rouge, contient presque partout de grandes quantités de *blocs siliceux*, généralement formés sur place, mais quelquefois roulés, soit entiers et arrondis, soit brisés en éclats anguleux et ramifiés qui lui ont fait donner le nom d'ARGILE A SILEX. Ce sont les silex à fossiles de la craie blanche du Sénonien (*Micraster, Ananchytes*), dont nous avons parlé précédemment. Ces couches d'argile, sans stratification nette, possèdent tous les caractères d'un dépôt produit sur place par des actions chimiques qui auraient dissous et entraîné la craie en la remplaçant par des silicates argileux.

Souvent la partie supérieure prend un aspect différent et paraît de formation plus récente. La masse, plus abondamment imprégnée de silice, parfois de calcédoine, a agglutiné les cailloux en *poudingues* ou en *conglomérats* lustrés, extrêmement durs. Dans le pays chartrain et les régions voisines, on les nomme *ladères*.

L'*argile à silex* est très développée dans tout le Nord du Berry.

En commençant du côté de la Loire, nous la rencontrons, butant contre la faille, au sommet des montagnes de la Pierre-Goupilière, de l'Orme-au-loup, de Sancerre ; puis, plus largement étendue, toujours le long de la faille, de Saint-Satur jusqu'au delà de Santranges. Dans ces parages, surtout près de Sancerre, les conglomérats siliceux sont relativement considérables à la surface.

Reprenant entre Vailly et Barlieu, cette formation occupe tout le Nord de la Sauldre jusqu'à Argent, et, se repliant vers le Sud, couronne les pentes du Sancerrois et les parties hautes de la Sologne, limitée à l'Est et au Sud par les affleurements infracrétaciques que nous connaissons déjà et à l'Ouest par une ligne assez régulière passant à Sainte-Montaine, Ménétréol-sur-Sauldre, Neuvy-sur-Barangeon, Nançay et suivant la vallée de la Rère. Au delà, l'argile à silex s'étend dans le Loir-et-Cher, et nous pouvons la suivre sur les confins du Berry jusqu'auprès de Thénioux [1].

Dans l'Indre, l'argile à silex, et surtout l'assise de conglomérats et de poudingues, offrent un développement et une puissance encore considérables mais plus irréguliers. Les conglomérats se rencontrent en massifs isolés à la surface des vastes plateaux d'argile à silex. Ces dépôts s'étendaient vraisemblablement davantage, dans l'Indre et dans le Cher : ils auront été détruits en partie à la suite des mouvements du sol qui ont suivi leur formation et entraînés par les érosions des vallées. Les sommets ont d'ailleurs été recouverts à la fin des temps tertiaires par les limons pliocènes.

D'une manière générale, on les trouve sur le bord de toutes les vallées, au Nord-Ouest d'une ligne allant de Buxeuil à Bauldres, Ménétréol-sous-le-Landais, Le Tranger, Murs, Azay-le Féron.

Il n'est pas rare, dans l'Indre (comme aussi quelquefois dans le Cher), de voir l'argile éocène ordinairement blanche et

---

1. Il y a quelques années encore, les gisements de cailloux que l'on exploite sur les hauteurs aux environs de Brécy et de Gron, de chaque côté de la route de Bourges à La Charité, étaient rattachés par les géologues aux dépôts éocènes, parce que l'on ne savait trop à quelle époque attribuer leur formation. Aujourd'hui, on croit que ce sont des silex éocènes remaniés à la fin de l'ère Tertiaire. Nous les retrouverons donc plus loin.

légère, coupée ou traversée par des filons d'argile oligocène à minerai de fer, qui se mélange avec elle, la surmonte quelquefois et la rubéfie dans tout le voisinage. On en voit des exemples au Nord du Tranger et surtout à la limite occidentale du département. Dans bien des cas, il est difficile de distinguer les deux formations.

Au Sud de Châtillon-sur-Indre, l'argile est assez bonne pour servir à la confection des casettes des porcelaineries.

Dans l'Ouest de l'Indre, on y trouve, avec des Oursins, d'assez nombreux débris de Spongiaires [1].

Tous ces terrains, manquant absolument d'élément calcaire, sont surtout propices aux cultures forestières.

Les silex sont partout utilisés pour l'empierrement.

MARNES DES PRUNES. C'est un dépôt de *marnes phosphatées,* à peine grand de quelques ares, et tout à fait isolé dans le Berry, à l'Ouest d'Argenton (les Prunes).

Ce dépôt est du reste presque entièrement disparu aujourd'hui, mais il est assez curieux à mentionner à cause des fossiles qu'on y a naguère rencontrés ; débris de Tortues (*Trionyx*), dents de Crocodiles, ossements de Pachydermes (*Lophiodon medium, Lophiodon minimum, Pachynolophus argentonicus. Pachinolophus isselanus*).

---

1 Ces silex offrent parfois des formes singulières et bizarres. Tantôt ils sont en larges éclats branchus, tantôt en longue masse creuse qui les ferait prendre facilement pour des tibias, tantôt contournés plus curieusement encore et présentant de vagues ressemblances avec diverses sortes de petits animaux.

ARTICLE DEUXIÈME

Système Eogène.

2° SÉRIE OLIGOCÈNE

Le début de la période Oligocène est précisément marqué par le premier bouleversement général qu'eut à subir le sol tertiaire. C'est à ce moment qu'un soulèvement énorme entraîna à une altitude de plus de 3,000 mètres, dans le Midi de la France, des couches de calcaires à Nummulithes récemment formés et constitua à peu près définitivement la chaîne des Pyrénées. Les Alpes essayèrent une première formation qui ne prendra qu'à la fin des temps tertiaires les proportions grandioses que nous lui voyons.

Ce réveil de l'activité interne eut en Berry, nous allons le voir, des effets beaucoup plus modestes qui ne laissèrent pas cependant d'avoir sur la constitution ultérieure de notre sol une grande influence.

La conséquence de ces grandes oscillations des continents fut une modification corrélative des rivages de la mer qui, alternativement, se retirant ou remontant sur les régions déjà quittées pour s'éloigner de nouveau bientôt après, amena la formation des dépôts divers que nous aurons à considérer.

Les conditions climatériques de la période Oligocène continuent à devenir de plus en plus douces et tempérées et entretiennent une flore riche et variée. Nos pays voyaient croître, à côté des arbres des pays

chauds, *Palmiers, Figuiers, Lauriers, Cannelliers*, les
espèces maintenant communes chez nous : les Chênes,
les Acacias, les Charmes, les Erables.

La faune d'alors est caractérisée surtout par le dé-
veloppement des Palœothériums et des Antracothé-
riums que nous avons déjà vus à la période Eocène.
Les Mollusques sont représentés spécialement par des
Cérithes, des *Natices*, des *Pyrules*, des *Cythérées*, des
Pectoncles, des *Cyrènes* et des *Huîtres*.

On rattache les dépôts Oligocènes à deux étages différents : le **Tongrien** (Tongres dans le Limbourg), et
l'**Aquitanien**.

§ 1. — ÉTAGE TONGRIEN.

L'étage Tongrien fournit, dans le bassin de Paris,
des *argiles vertes*, de formation marine, des travertins,
tantôt marneux, tantôt siliceux et compacts (calcaire
de Brie), des *sables et grès marneux* (molasse d'Etréchy)
et des *sables* de nature très variable, souvent fins et
quartzeux (sables de Fontainebleau et d'Etampes.)
L'assise qui présente le plus d'intérêt est celle du
calcaire lacustre de Brie. Elle s'étend jusque dans le
Berry et donne à Briare, et surtout à Château-Landon,
une très belle pierre de taille avec laquelle on a bâti
la basilique de Montmartre. Elle forme avec l'argile
verte le sous-étage *Infratongrien* ou Sannoisien (San-
nois, près Paris), et doit sa formation à l'établissement
d'un régime d'eau douce ou lacustre entre deux retours
des eaux de la mer dans la région de Paris [1].

----

1. Les sables du Tongrien supérieur se réunissent pour former le sous-étage *Stampien* (Etampes).

Au Sannoisien correspond dans le Berry, comme aussi dans le Jura et la Franche-Comté, une formation très spéciale et très curieuse, que l'abondance du minerai de fer a fait nommer **terrain sidérolithique.** Voici les circonstances probables dans lesquelles ce terrain dut s'établir.

Après un retour assez accentué de la mer jusque non loin des limites du Berry, par suite d'un affaissement des continents à la fin de la période Eocène, un premier relèvement s'était accompli en même temps qu'un bouleversement considérable du sol. Des plissements et des ondulations avaient eu lieu, notamment dans les plaines récemment couvertes par l'argile à silex, et avaient créé en partie les collines occidentales du Sancerrois. A l'Est, des cassures et des failles profondes avaient esquissé la grande dépression qui nous sépare du Nivernais et qui, en s'achevant, deviendra plus tard la vallée de la Loire. — La même série d'accidents avait continué en s'infléchissant vers l'Ouest, de Sancoins à Saint-Amand, où sont découpés dans le Trias et le Lias les verts mamelons qui bordent les vallées de la Marmande et du Cher ; et de là, elle s'était prolongée jusqu'au fond de l'Indre, par La Châtre, Lys-Saint Georges et Chaillac. Par contrecoup, une longue suite de dépressions s'était creusée d'un bout à l'autre, au Nord de cette ligne, principalement à l'extrémité occidentale, et les eaux, s'y accumulant, avaient couvert de lacs nombreux ou peut-être d'un seul lac immense presque tout le Jurassique moyen et une partie du Suprajurassique, de Dun et de Thaumiers jusqu'au Poitou.

Enfin, une troisième dépression non moins importante se poursuivait, presque perpendiculairement à celle dont nous venons de parler, de Vierzon au Plateau Central. C'est au beau milieu de cette dernière ligne d'affaissement, irrégulière comme largeur et comme allure, que le Cher, dans la suite, viendra tracer son lit.

Les terrains sidérolithiques ne s'écartent guère de ces directions. Ils comprennent deux sortes de dépôts souvent intimement unis l'un à l'autre, mais fort différents comme composition : l'ARGILE SIDÉROLITHIQUE et le CALCAIRE LACUSTRE DU BERRY.

Argile sidérolithique. — L'argile sidérolithique est en général fortement colorée en rouge, siliceuse et assez souvent sableuse. Elle renferme presque partout un minerai de fer pisiforme très riche. C'est ce minerai qui a valu son nom à toute la formation sidérolithique (σίδηρος, fer, λίθος, pierre.) Nous allons voir cependant que la présence du minerai ne caractérise pas nécessairement ces dépôts et que l'argile elle-même varie notablement selon les régions.

L'argile sidérolithique doit sans aucun doute son origine à des sources thermales très ferrugineuses qui s'ouvrirent à la suite des mouvements du sol dont il vient d'être question, et qui se déversèrent dans les dépressions lacustres. L'allure des gisements de minerai en témoigne suffisamment. Ils sont quelquefois étendus en nappes sur un fond de calcaire jurassique ; souvent ils plongent en poches ou en entonnoirs profonds au milieu de ces mêmes calcaires, et souvent aussi ils ont franchement l'aspect de filons régulièrement inclinés du Nord au Sud, dans la direction des principales failles qui longent le Val de la Loire. L'absence complète de stratification et de fossiles dans ces dépôts, l'inégalité de leur *facies*, la silice et le gypse dont ils sont parfois imprégnés achèvent amplement la preuve. L'oxyde de fer, dissous par les eaux dans les profondeurs du sol, grâce à l'acide carbonique qu'elles contenaient, se concrétionna en petits grains pisiformes. Une cause analogue amènera bientôt la formation des calcaires siliceux qui vont recouvrir l'argile à minerai.

Le premier gisement métallifère que l'on rencontre à l'Est est celui de Torteron, très riche et autrefois exploité sur une large échelle. Ce minerai, en grains réguliers, est associé à une faible proportion d'argile ocreuse et contient parfois des lits de *gypse* cristallisé. Il affleure sur une grande surface et, sur les bords du bassin principalement, il est recouvert d'une couche de calcaire lacustre d'une épaisseur qui atteint 40 mètres.

Dans le voisinage de la même ligne de cassures, à Sancergues (Bélair, le Minerai), on a découvert quelques gites de minerai en poches s'enfonçant dans le calcaire jurassique et masquées par des remaniements pliocènes. Par suite de ces remaniements, le minerai se trouve quelquefois mélangé aux cailloux de formation éocène assez abondants en cet endroit. — Les dépôts de la vallée de la Loire sembleraient se rattacher à ceux de la dépression du Cher par d'autres poches de minerai isolées à Soye, Crosses, Vornay, Bussy, Thaumiers.

C'est de chaque côté du Cher, entre l'Auron et l'Arnon, que le minerai se trouve en plus grande quantité.

Le terrain sidérolithique y occupe deux principaux bassins dont l'un s'étend de Vierzon à la Chapelle Saint-Ursin, l'autre de Châteauneuf à Dun-sur-Auron. Ces bassins sont en quelque sorte reliés et entourés par une quantité de dépôts de minerai en petits massifs irréguliers renfermés entre le travertin lacustre et le calcaire jurassique, ou en poches plus ou moins filoniennes encaissées dans ce dernier.

Dans le premier bassin, l'argile sidérolithique n'affleure guère que sur le pourtour : le centre est recouvert par le calcaire lacustre caché lui-même souvent par le limon pliocène ou les alluvions. A la limite extrême, à Massay, Vierzon, dans la vallée du Barangeon et le bois de Mehun, c'est principalement une argile dure, bariolée, imprégnée de silice et d'opale, avec des cailloux roulés empruntés à l'argile à silex sous-jacente. Le minerai, peu abondant, y est souvent agglutiné en géodes irrégulières. A La Chapelle, Morthomiers, Villeneuve, Poisieux et dans tout le Sud, on trouve un minerai beaucoup plus riche, en petits grains arrondis, réguliers. parfois concrétionnés, mélangés à une faible proportion d'argile ocreuse et de grains de quartz.

De Villeneuve à Corquoy, les poches et massifs s'éloignent peu de la vallée du Cher et semblent limités à l'Est par une faille qui se termine à Sainte-Lunaise. Dans le second bassin, à droite du Cher, le minerai ne se montre que très loin à l'Est, auprès de Dun où on l'exploite encore ; mais, en face, à gauche de la rivière, on le rencontre en riches et nombreux massifs ou quelquefois en nappes assez considérables entre Corquoy, Mareuil, Lignières et Bigny.

Souvent, dans le voisinage du minerai, les calcaires jurassiques sous-jacents ou encaissants sont devenus par métamorphisme des marnes farineuses ou cristallines.

Le mélange de ces marnes et du minerai est parfois intime et donne une roche appelée *castillot* ou *castillard*.

Au Sud des points que nous venons de nommer, l'argile ne contient plus de minerai. Entre Parnay et Meillant (forêt de Maulnes) et à Verneuil-du-Cher, elle possède des amas de *gypse* assez importants. Le gisement de Verneuil fait partie d'un troisième bassin sidérolithique à peine séparé du précédent par une bande médiojurassique entre La Celle et Verneuil, et où l'argile est en grande partie masquée par le Pliocène.

Sur les limites méridionales du Berry, à gauche du Cher, où elle forme de nombreux dépôts disséminés au Sud de Saint-Vitte, de Vesdun, de Culan, à Saulzais, Saint-Christophe, Reigny, Loye, le Châtelet, et dans toute la largeur du département de l'Indre, de la vallée de la Théols à celle de l'Anglin et de la Claise, la composition de l'argile sidérolithique devient, ainsi qu'au Sud de La Celle-Bruère et de Verneuil, extrêmement diversifiée. Tantôt blanche ou grise, tantôt marbrée de jaune et de teintes rouges très vives, elle contient souvent des cailloux de quartz et des rognons d'opale, des sables et des graviers amenés par les eaux courantes et parfois agglutinés en grès et en arkoses à ciment siliceux luisant (Le Châtelet, Vicq-Exemplet). Le minerai pisolithique n'y forme que de rares dépôts à la base de l'assise, au Nord de Neuvy-Saint-Sépulcre, d'Argenton, de Mézières, et à Lureuil. Au Sud de Sainte-Gemme, on en tire une argile blanche, pure, réfractaire, qu'on emploie comme terre à casettes.

Dans cette partie, l'argile, puissante en moyenne de 30 mètres environ, n'est presque jamais recouverte de calcaire lacustre. Dans le Boischaud et au Sud de la Creuse, elle est en grande partie ravinée et masquée par l'argile caillouteuse de la série Pliocène et n'apparaît guère que dans les vallées. Entre la Creuse et la Claise, elle constitue la Brenne, vaste région imperméable, couverte de brandes et d'étangs, à peu près improductive, partout où on ne l'a pas amendée fortement par les calcaires et la chaux, et malsaine à cause du grand nombre des étangs. Ces étangs sont d'ailleurs pour la plupart, semble-t-il, l'œuvre des hommes : la pente générale du sol y est assez considérable pour que l'écoulement des eaux y soit facile. De nombreux monticules s'y rencontrent qui sont là comme les témoins, respectés par l'érosion, d'un terrain autrefois bien plus puissant [1].

On trouve encore au Nord-Ouest de la Brenne quelques affleurements sidérolithiques plus ou moins mélangés avec l'argile à silex et assez difficiles à en distinguer.

Enfin, nous devons signaler quelques tout petits lambeaux d'argile à minerai disséminés dans des conditions analogues à la surface de l'argile à silex, tout à fait au Nord-Ouest du Berry, à Luçay-le-Mâle et à Faverolles.

Calcaire lacustre du Berry. — Le calcaire du Berry, contemporain du calcaire de Brie, présente un

1. M de Lapparent (Traité de Géologie, édition de 1893), cite l'opinion d'un géologue qui tendrait à rattacher les argiles à arkoses de la Brenne à la série Miocène, au même titre que les sables et argiles de Sologne. Il est vrai que ces deux régions ont beaucoup de ressemblance : la Brenne est souvent appelée la Sologne du Berry.

aspect à peu près identique, donnant tantôt des marnes, tantôt de la pierre à chaux et des moellons plus ou moins durs, tantôt d'excellente pierre de taille à structure massive et vermiculée. Il est au surplus visiblement relié aux dépôts de Briare dans le Nord-Est, à Bannay et Boulleret.

Tous les autres dépôts qui se formèrent dans le Berry à cette époque surmontent régulièrement l'argile à minerai à laquelle ils sont intimement unis.

Ils présentent généralement une épaisseur de 25 à 40 mètres ; et les fossiles qu'ils contiennent sont de rares débris, la plupart du temps à peu près méconnaissables, de Limnées, de Planorbes et de Bithynies (*Bithynia* ou *Nystia Duchastelli.*)

A Torteron, le calcaire lacustre recouvre tout le Centre du bassin sidérolithique sur une épaisseur qui atteint 40 mètres.

Dans le haut de la vallée du Cher, il forme autour de La Celette un large massif irrégulier qui pousse des prolongements jusqu'auprès d'Epineuil et de Saulzais. Il y renferme quelquefois des chailles siliceuses portant des traces d'organismes microscopiques et des lits d'argiles vertes chargées de silice, qui ménagent la transition entre le calcaire et l'argile sidérolithique sous-jacente.

On le retrouve avec les mêmes caractères auprès de Bigny, au Sud de Verneuil, sur presque toute la surface de la grande dépression de Châteauneuf : puis, de Lapan à Saint-Florent, avec plusieurs dépôts isolés, notamment à Primelles, Civray et Poisieux ; enfin, de La Chapelle-Saint-Ursin à Vierzon, où il est souvent dissimulé sous des dépôts plus récents.

Des carrières ouvertes dans ce calcaire fournissent une pierre de taille dure et très résistante à la gelée (PIERRE DE LA CHAPELLE, PIERRE DE SAINT-FLORENT). De nombreuses tubulures et cavités vermiculaires la traversent en tous sens, surtout dans les couches plus voisines de l'argile. Partout, elle offre l'apparence d'un dépôt chimique formé sur place par des accumulations calcaires d'origine interne, qui auraient succédé aux émanations ferrugineuses.

À Quincy, le calcaire lacustre présente un intérêt tout particulier. Une variété de MAGNÉSITE ou *écume de mer* (silicate de magnésie) d'une belle coloration rouge carmin, assez caractérisée pour avoir mérité des minéralogiste le nom spécial de QUINCITE, s'y trouve contenue, mélangée avec une *opale* de même couleur, appelée *quartz-résinite* (silice hydratée), et de la *calcédoine* (silice cristallisée unie à de la silice amorphe).

Dans l'Indre, le calcaire lacustre sannoisien n'est représenté que par des dépôts assez peu importants : l'un au Nord de la faille de Lys-Saint-Georges, dans un plissement de Sidérolithique ; un autre beaucoup plus petit, situé à une altitude anormale (278 mètres), au Sud-Est de Briantes ; un troisième, aussi peu considérable, à l'Ouest de Luxeuil, sur la limite occidentale du département ; enfin un dernier, plus puissant, auprès de Châtillon, dans la vallée de l'Indre.

§ 2. — ÉTAGE AQUITANIEN

La mer, revenue jusque non loin du Berry après la formation Sannoisienne, s'était encore une fois retirée, en laissant les sables de Fontainebleau et d'Étampes. Derrière elle s'étaient formés de nouveaux lacs. L'un couvrait la Limagne et nous apercevons un peu des terrains qu'il a déposés, à peu de distance des limites Sud-Est du Berry, à Decize et à Augy-sur-Allier. Un autre plus vaste encore occupait la Beauce avec des prolongements de divers côtés. Dans le fond de ce dernier se constitua un calcaire (CALCAIRE DE BEAUCE) analogue à celui de l'étage précédent.

On en observe dans le Berry des lambeaux notables. A Chabris, Varennes, Poulaines, Buxeuil, on trouve soit des *calcaires durs*, *siliceux*, grisâtres, à structure vermiculée, soit des *marnes blanchâtres*, qui se rattachent aux premiers dépôts de calcaire de Beauce. Un peu plus au Nord-Ouest, à Selles-sur-Cher, sur la rive droite, les dépôts sont plus importants ; on y a trouvé de nombreux débris de Mammifères (*Dremotherium Feignouxi, Amphitragulus elegans, Tapirus Poirieri, Acerotherium*).

ARTICLE TROISIÈME

Système Néogène.

1° SÉRIE MIOCÈNE

Après le dépôt des travertins de Beauce, de nouvelles secousses firent disparaître les grands lacs et accentuèrent d'une manière considérable le relief du sol français. Les Alpes se soulevèrent en un immense effort jusqu'à 5,000 mètres et plus de hauteur[1], le Massif central s'entr'ouvrit et rejeta des quantités prodigieuses de basaltes et de laves. De cette antique conflagration nous avons aujourd'hui pour témoins les *Cheires* et les *Puys*. Les premières sont les coulées de lave envahies aujourd'hui par la végétation : les seconds sont les cratères des anciens volcans.

Ce n'est pas seulement dans nos régions que se manifestait ainsi l'activité interne : l'écorce terrestre était partout en mouvement, les Cordillères et l'Himalaya dressaient à la même époque leurs cimes élevées.

Ces soulèvements étaient nécessairement accompagnés d'affaissements correspondants. Les grandes vallées commencèrent à se dessiner plus nettement : dans la vallée du Rhône, la mer remontait jusqu'en Suisse, dans la vallée de la Loire, elle s'avançait jusqu'à Blois.

1. On estime que les sommets des Alpes ont perdu, par l'érosion, plus de 1,000 mètres de hauteur depuis l'époque de leurs derniers soulèvements.

C'était le début de la période NÉOGÈNE : l'ensemble des dépôts qui s'accumulèrent sous ces différentes influences constitue la série *Miocène*.

A côté des *Antracotheriums* et des *Acerotheriums* que l'on voyait encore, du moins au commencement, vivent alors deux genres de *Proboscidiens :* les MASTODONTES et les DINOTHERIUMS. Le *Mastodonte* avait la taille de nos éléphants. Des dents mamelonnées lui ont valu son nom. Il possédait quatre défenses presque droites dont deux à chaque mâchoire, les supérieures étaient plus longues que les inférieures. Le *Dinotherium* (δεινός, *terrible*), deux fois gros comme le Mastodonte, mesurait six mètres de long. Il avait une trompe et deux défenses à la mâchoire inférieure. Ces défenses, recourbées comme celles du Morse, étaient un outil de fouille pour arracher les herbes et les racines. Elles pouvaient aussi servir à l'animal pour s'accrocher au rivage, car on suppose — à cause de sa grosse masse — qu'il passait sa vie dans l'eau. Elles constituaient enfin une arme terrible.

Avec eux vivent également des *Rhinocéros,* des *Tapirs,* et des *Hipparions* semblables à nos chevaux, mais ayant le pied fendu comme le bœuf ; etc.

Les animaux marins les plus curieux sont l'*Halitherium,* le *Squalodon* et le *Carcharodon.* Les *Gastéropodes* et les *Bivalves* continuent à être extrêmement nombreux.

La flore mêle aux Palmiers, qui résistent encore, les *Noyers,* les *Érables,* les *Platanes,* les *Chênes,* les *Peupliers,* les *Saules.* Les *Graminées* se développent large-

ment et fournissent aux herbivores une abondante
pâture.

La série Miocène se divise ordinairement en cinq
étages différents; mais elle ne comporte dans le
Berry qu'une seule sorte de dépôts que nous nous con-
tenterons d'examiner. Ce sont les ARGILES et SABLES DE
SOLOGNE.

Argiles et Sables de Sologne. — L'activité interne
se signale dans le Berry dès le commencement du
Miocène par une dernière retouche aux plissements et
soulèvements du Sancerrois, et par de nouvelles cassures ou un nouveau mouvement des anciennes, de
Sancerre à Sancoins et de Sancoins à l'extrémité occidentale du Berry. L'ensemble des soulèvements du
Sancerrois s'est fait à l'Est d'une ligne dirigée à peu
près de Blancafort à La Chapelle-d'Angillon. Il a eu
pour effet de reporter à 474 mètres d'altitude, à Humbligny, la même argile à silex qui, à Neuvy-sur-Barangeon, est à 150 mètres seulement, et d'élever à 270
mètres, à Sancerre, le même calcaire Séquanien qui,
à Bourges, descend à 125 mètres et est à Paris à plusieurs centaines de mètres au-dessous du sol. Un autre
effet non moins important fut d'opposer une barrière à
l'envahissement des sables et des argiles qui allaient
bientôt couvrir la Sologne.

Par la vallée de la Loire, maintenant ouverte, se
précipitèrent en effet en un vaste fleuve, esquisse de
la Loire actuelle, les eaux des pentes septentrionales
du Plateau d'Auvergne, amenant avec elles des débris
arrachés au granit et aux autres roches sur lesquelles
elles coulaient. Parvenues dans la large dépression de

l'ancien lac de Beauce, en partie déplacée, elles ra-
lentisssaient leur course avant d'arriver à la mer de
Blois et déposaient les boues dont elles étaient chargées. Ainsi se formèrent d'abord les *sables de l'Orléa-
nais,* et telle est aussi l'origine probable des SABLES et
ARGILES DE SOLOGNE qui vinrent les recouvrir partielle-
ment. Ces deux assises appartiennent aux étages inférieurs du Miocène.

La Sologne, vaste plaine doucement ondulée, naguère inculte, aujourd'hui beaucoup améliorée par les
amendements calcaires, occupe un coin important du
Berry : Clémont, Brinon, Sainte-Montaine, Ménétrol,
Neuvy et Nançay sont des localités solognotes. Le sol,
imperméable, est formé exclusivement de *sables argileux* et d'*argiles* comprenant une proportion variable
de *sable quartzeux* grossier. En certains endroits, sur
la rive droite de la Rère et autour de Neuvy, l'argile
est assez pure pour être employée comme terre à tuile.

On ne trouve dans les argiles et sables de Sologne
aucune trace de fossiles.

ARTICLE QUATRIÈME

Système Néogène.

2° SÉRIE PLIOCÈNE

La série Pliocène comprend les terrains qui se sont
formés depuis le grand soulèvement des Alpes dont
nous avons parlé jusqu'au jour où les rivages des
mers Européennes furent devenus à peu près ce qu'ils
sont encore aujourd'hui.

En Italie, au début du Pliocène, les eaux de la Méditerranée baignaient encore le pied des Apennins. En France, un long bras de mer s'enfonçait dans la vallée du Rhône jusqu'à Lyon, le golfe de Gascogne s'étendait dans les Landes au-delà de Mont-de-Marsan, et à l'embouchure de la Loire, ainsi que dans la vallée de la Vilaine, s'accusaient encore des dépressions considérables. La chaîne des Alpes n'avait pas encore éprouvé ses derniers soubresauts.

Les dépôts d'eau douce de la même période occupent de larges surfaces. Parmi les plus considérables, sont ceux de la Bresse (vallée de la Saône) et ceux du Nord de la Limagne (entre l'Allier et la Loire).

La faune terrestre n'est pas très différente de celle du Miocène. A côté des *Mastodontes* et des *Hippopotames* apparaissent l'ÉLÉPHANT, le CHEVAL, le CERF, etc. La faune marine possède presque exclusivement les espèces actuelles.

La flore s'appauvrit en France des Palmiers et des autres plantes des pays chauds. Le refroidissement constant du climat ne lui permet de conserver avec les espèces dont nous jouissons encore que quelques autres analogues à celles qui s'accomodent maintenant du climat d'Algérie.

LIMONS ET GRAVIERS DES TERRASSES. Argiles des plateaux.

— En Berry, de vastes plaines et de nombreux plateaux sont recouverts d'argiles et de sables dont le dépôt date de la période Pliocène. Les géologues donnent à ces couches le nom d'ARGILES DES PLATEAUX ou de *limons et graviers des terrasses* ; ce sont elles qui constituent la *terre bouloise* ou *boulaise* de nos paysans du Cher. Quand elles sont moins grasses et plus riches en sable, elles portent plutôt le nom de *varennes* [1].

Leur formation, assez variée, n'est point facile à expliquer. Nous devons d'abord observer que très souvent ces dépôts surmontent les argiles oligocènes auxquelles ils empruntent une partie de leurs éléments. L'autre partie est due sans doute, en général, à de vastes alluvionnements causés par les eaux torrentielles du Massif Central. Le refroidissement progressif de la température, avant d'amener, comme nous le verrons à l'ère Quaternaire, les glaces et les frimas, occasionnait à cette époque des pluies diluviennes qui, en ruisselant sur les pentes granitiques, s'ouvraient des passages dont elles entraînaient au loin les matériaux. C'est ainsi, au reste, que commencèrent à se creuser, dans le cours de cette période, les vallées au fond desquelles coulent maintenant nos rivières et les ravins qui y débouchent.

Les terrains pliocènes ne sont pas limités dans une partie du Berry. Dans toutes les régions on les rencontre plus ou moins abondants, en lentilles isolées ou en vastes et puissantes nappes ; le plus souvent constituées par une argile rouge, pure ou sableuse, ou même fortement chargée de galets siliceux. En quelques endroits, ils ne sont formés que de sables

---

1. Dans certaines localités du Sancerrois, on distingue encore les *sorains*, sorte de terres argileuses très légères et très friables.

cailloutéux ; ailleurs, ils renferment du minerai arra-
ché au Sidérolithique sous-jacent.

Le Sancerrois, si l'on en excepte les plateaux voisins du *Val*,
possède relativement peu de sédiments pliocènes. Quelques
lambeaux peu étendus se voient entre Achères et Henrichemont et au Sud-Ouest de Vailly. Mais des limites du Berry
(Belleville) jusqu'à Bannay, la bouloise s'étale en une couche
épaisse de 20 mètres sur une largeur de 3 kilomètres en moyenne,
recouvrant l'argile à silex, la craie blanche ou les calcaires
lacustres, et s'élevant en certains points jusqu'à une altitude de
200 mètres.

Cette longue traînée, interrompue près de Sancerre, reprend
au Nord d'Herry et continue, avec une allure à peu près identique, jusqu'à la limite méridionale du Cher, entre la vallée de
la Loire d'un côté, et, de l'autre, la Vauvise et ensuite l'Aubois.
Elle atteint, en face de Sancoins, plus de cinq kilomètres de largeur. Elle est généralement très sableuse à la base et sur les
pentes et plus argileuse sur les sommets. Elle revêt en quelques
endroits une teinte jaunâtre veinée de blanc. A La Guerche et à
Sancoins, elle contient une forte couche d'argile réfractaire.

Sans vouloir mentionner tous les gisements pliocènes semés
à travers la Champagne Berrichonne, nous signalerons comme
offrant un caractère à part quelques-uns de ceux des environs
de Brécy et de Gron, composés en grande partie de blocs de
silex, provenant visiblement des terrains éocènes et entraînés
là plus tard on ne sait comment. Tous les autres ressemblent
plus ou moins à ceux du voisinage de la Loire.

Le sommet des grands plateaux de la région de Valençay et
d'Ecuillé présentent des cailloutis analogues à ceux de Gron,
empâtés dans l'argile et paraissant simplement empruntés par
suite de remaniements diluviens à l'argile éocène qui constitue
le sous-sol, comme le minerai en grain que laisse voir quelquefois le Pliocène dans la région moyenne du Cher l'a été au Sidérolithique sur lequel il repose.

Entre Châteauroux, Lignières et Argenton, une immense nappe
pliocène, puissante de 20 à 30 mètres, à peine coupée par les
vallées, s'étend par dessus l'argile oligocène et se relie étroite-
tement à l'Est et à l'Ouest à d'autres dépôts importants.

Dans la région des micaschites, les couches sont beaucoup

moins puissantes et moins étendues. On rencontre cependant des limons pliocènes jusqu'à Bonneuil, Saint-Gilles, Cluis, Pouligny, Sainte-Sévère, Saint-Priest, Préveranges et enfin Culan où elles se rattachent à celles des parages du Cher. Elles sont en général formées de quelques mètres d'argiles sableuses passant souvent à des sables jaunâtres mélangés de graviers et de galets de quartz blanc laiteux. Le grand massif du Boischaud offre, du côté de Châteauroux, une argile blanchâtre, un peu micacée, assez réfractaire.

Ces divers sédiments ne sont certainement pas tous déposés à la même époque, mais il serait malaisé actuellement de préciser leur âge relatif. Ils ne laissent voir, du reste, aucun fossile, si ce n'est à l'Ouest du Blanc, où l'on y trouve des silex à Spongiaires provenant de l'argile éocène.

CHAPITRE CINQUIÈME

TERRAINS QUATERNAIRES

L'ère Quaternaire ou ère Moderne commence après les derniers soulèvements subapennins qui ont mis à sec l'Italie actuelle. Avec l'ère Tertiaire, les temps géologiques proprement dits avaient pris fin : les contours géographiques de nos contrées ne devaient plus changer d'une manière bien sensible et la plupart des phénomènes géologiques qui suivirent peuvent se confondre plus ou moins avec les phénomènes actuels.

Mais ce qui caractérise surtout l'ère Quaternaire, c'est l'existence de l'**Homme**. Aucune nouvelle espèce vivante, animale ou végétale, n'a paru depuis lors sur la terre. Les seuls changements à signaler dans la flore et la faune terrestres, c'est la disparition de certaines espèces qui étaient abondamment représentées quand parurent les premiers humains, notamment le Mammouth, l'Ours des cavernes, le Chat des cavernes, l'Hyène des cavernes et le Rhinocéros laineux. D'autres, comme l'Aurochs et le Renne, qui se rencontraient également dans nos pays au début du Quaternaire, ont émigré depuis vers d'autres régions.

Les dépôts quaternaires ont trop peu d'importance

pour pouvoir être divisés en systèmes ou en étages. Cependant, la première partie de cette ère a été signalée par des événements considérables qui la font distinguer des temps plus récents et la rapprochent des époques Tertiaires. Elle porte le nom d'**Époque Pléistocène** (πλεῖστος, *le plus* ; καινος, *récent*). Les faits géologiques postérieurs à ceux de l'époque Pléistocène se rattachent absolument à l'ensemble des *phénomènes actuels*, qui ont fait l'objet de la Première Partie de cette étude et qui remplissent une dernière époque que l'on peut appeler l'**Époque Actuelle.**

§ Ier. — ÉPOQUE PLEISTOCÈNE

CONDITIONS DE L'ÉPOQUE PLÉISTOCÈNE. — Des pluies extraordinairement abondantes avaient signalé la période Pliocène et commencé le creusement des vallées. Sous l'influence de causes encore mystérieuses[1], le même régime continua en s'aggravant, sauf quelques interruptions, durant toute l'époque Pléistocène. Un refroidissement considérable de la température se produisit en même temps ; sur tous les sommets un peu élevés des montagnes, même sur

---

1. On explique d'une façon assez vraisemblable ce changement climatérique par la disparition, accomplie à cette époque, d'un vaste continent qui aurait relié l'Europe à l'Amérique du Nord. Ce serait l'*Atlantide* des anciens. Cette terre, déjà amoindrie durant le Tertiaire, aurait achevé de s'effondrer au commencement du Pléistocène et aurait ainsi permis l'invasion en Europe des courants atmosphériques froids et humides. Plus tard, au début de l'époque Actuelle, un nouveau mouvement continental aurait amené la formation du Gulf-Stream et, par suite, le retour d'un climat plus tempéré.

ceux des Vosges et du Plateau Central, d'épaisses
couches de neige s'amoncelèrent et formèrent de puissants glaciers qui, descendant au loin dans les vallées, alimentèrent de larges cours d'eau. Aussi donne-t-
on souvent au Pléistocène les noms d'*époque Glaciaire*
ou d'*époque Pluviaire*.

Le glacier du Rhône, traversant toute la Suisse,
arrivait jusqu'aux portes de Lyon ; celui du Mont-Blanc
transportait ses moraines jusque sur les monts du
Jura.

Le glacier d'Argelès, occupant toute la vallée de ce
nom, descendait à Lourdes, comme en témoignent les
rochers qui avoisinent la basilique et qu'il a burinés
en passant.

Les glaces du Nord formaient une immense enveloppe qui couvrait une partie de l'Angleterre, la Scandinavie et allait jusqu'au cœur de l'Allemagne et de la
Russie. Leurs moraines ont été entraînées quelquefois à des distances de mille kilomètres. C'est ainsi
qu'aux portes de Berlin on peut voir des pierres
énormes venues de la Norwège ; il en est de même
en Russie. On les nomme *blocs erratiques ;* un de ces
blocs a servi de piédestal à la statue de Pierre-le-Grand,
à Saint-Pétersbourg.

Les rivières et les fleuves actuels ne peuvent donner
une idée des cours d'eau qui existaient alors dans les
vallées, surtout dans les saisons de la fonte des glaces.
La Loire, par exemple, avait une largeur de plusieurs
kilomètres ; elle remplissait toute la vallée dont elle
n'occupe maintenant qu'une très petite partie, et elle

donnait un volume d'eau plus de vingt fois plus considérable.

On comprend les perturbations que de pareils agents devaient apporter dans la physionomie et dans la constitution superficielle du sol.

DÉPOTS PLÉISTOCÈNES. — Les grands glaciers, notamment ceux du Nord de l'Europe, ont entraîné avec eux et déposé dans toutes les contrées qu'ils ont couvertes, outre des **blocs erratiques** nombreux, une couche parfois épaisse de plusieurs centaines de mètres d'*argile grasse,* sans stratification visible, mélangée de pierres de grosseur et de nature diverses. On lui donne le nom de **terrains erratiques** ou de *diluvium du Nord;* lorsque les pierres sont en forte proportion, on la désigne également sous le nom d'*argile à blocaux.* Dans certaines régions, on trouve entre deux couches de diluvium un lit de sable provenant d'alluvions fluviales ou interglaciaires.

Dans les pays de plaines, le Pléistocène se compose d'alluvions considérables comprenant des *graviers* et des *sables* dont les éléments sont empruntés aux terrains situés en amont. C'est ainsi que l'on a trouvé à Paris des blocs évidemment originaires des massifs granulitiques du Morvan. Les sables sont souvent recouverts à leur tour par une *argile ferrugineuse* généralement jaunâtre qu'on appelle **loess.** La partie supérieure de ce limon argileux a été plus ou moins profondément rubéfiée par l'action atmosphérique. On la distingue de la partie sous-jacente en nommant l'une *diluvium gris,* et l'autre *diluvium rouge.*

Sur les pentes élevées et sur les plateaux, là où l'action fluviale ne pouvait se faire sentir, les graviers et les sables ne se rencontrent point, mais on y voit parfois d'épais massifs de loess. Puissant tout au plus de 20 à 30 mètres dans le Nord de la France, où il couvre d'assez grandes surfaces, le loess forme en Chine, par exemple dans la région du fleuve Jaune, une couche de plusieurs centaines de mètres d'épaisseur.

Sa formation est attribuée en grande partie au *ruissellement* des pluies qui enlevaient ces limons boueux aux plateaux supérieurs ou qui remaniaient sur place de minces couches d'argiles tertiaires épargnées par les érosions précédentes. Les vents et les tempêtes ont pu également soulever et apporter, sous forme de poussières, des masses importantes que les pluies ont ensuite changées en limons.

Parfois, sur le flanc des vallées, s'ouvraient des cavernes ou des brèches, dans les terrains calcaires particulièrement. Des vases les ont pénétrées et ont étalé sur le sol leurs argiles jaunes et rouges : ce sont les **dépôts des cavernes**. Ces argiles, qui contiennent fréquemment des ossements fossiles, ont été recouvertes souvent plus tard d'une couche *stalagmitique*.

Dans le Berry, où les blocs et terrains erratiques font naturellement défaut, et où la douceur des pentes et la perméabilité du sol étaient peu favorables au ruissellement, les alluvions fluviales représentent à peu près seules les dépôts pleistocènes. Les alluvions de cette époque sont appelées **alluvions anciennes** pour les distinguer des *alluvions récentes*. Leur nature est très

variable. Des *cailloux* et des *sables quartzeux* irrégu-
lièrement disposés en constituent les éléments principaux dans la vallée de la Loire et le long des grandes
rivières qui, comme le Cher, l'Arnon, descendent du
Plateau Central. Auprès des autres rivières, le Pleistocène est formé de *graviers* et de *sables jaunes calcaires*
quelquefois surmontés de *limons* gris ou noirâtres.

Ces dépôts se trouvent, en certaines régions, fort
au-dessus du lit actuel de nos cours d'eau. Le Cher a
laissé des galets et des sables jusqu'à 50 et 60 mètres
plus haut que le fond de sa vallée.

Dans le fond des vallons calcaires où ne coule aucun cours d'eau, des dépôts analogues se rencontrent.
Ces sables, amenés par les eaux torrentielles de l'époque Pleistocène, sont parfois terreux et désignés
alors dans certaines régions sous le nom de *grou* [1] ; le
plus souvent ils sont assez purs et formés de grains
de grosseur à peu près égale.

Les éléments pleistocènes situés dans la partie la
plus basse des vallées sont plus difficiles à reconnaître à cause des alluvions postérieures qui les surmontent et dont aucune stratification appréciable, aucun
fossile ne permet de les distinguer. Les quelques fossiles qu'on y trouve proviennent des terrains auxquels
les sables ou limons ont été empruntés.

Il n'est pas rare même que des inondations récentes aient profondément remanié et reporté plus bas
les sables et les cailloux pléistocènes de certaines
rivières.

---

1. C'est à tort que dans le Sancerrois on emploie le mot *grou*
au féminin : l'équivalent féminin de grou est *grouelle*.

DIVISIONS DE L'ÉPOQUE PLÉISTOCÈNE. —
Il n'est guère possible d'établir la chronologie de
l'époque Pléistocène, puisque, d'un côté, ces dépôts
sont si peu réguliers et que, de l'autre, les rares fossiles qu'ils renferment n'offrent plus, comme dans les
autres terrains, des formes nouvelles qui puissent les
caractériser.

A défaut de division stratigraphique, on l'a cependant partagée en différents *âges* déterminés soit par
les squelettes d'animaux, soit par les produits de
l'industrie humaine que l'on rencontre le plus souvent dans certains dépôts. Ces deux systèmes de
division, *paléontologique* et *archéologique*, ont, au
reste, l'avantage de correspondre assez bien, si l'on
se contente de les appliquer à l'Europe occidentale,
en dehors de laquelle ils ne semblent pas avoir beaucoup de valeur.

Les plus anciens restes que l'on retrouve du travail
de l'homme sont de grossiers instruments en silex taillé
ou éclaté : des haches, des racloirs ou couteaux qui
lui servaient à dépecer sa proie, à travailler et à polir
le bois. C'est l'**âge paléolithique** ou *de la pierre
taillée*. Il comprend trois types que l'on range ainsi
par ordre d'ancienneté : le **Chelléen** (Chelles, près
de Paris) ou Acheuléen (Saint-Acheul près d'Amiens),
le **Moustérien** (Moustier, Dordogne), et le **Magdalénien** ou Solutréen (Madelaine en Périgord ou Solu-
tré en Bourgogne) [1].

1. Tout à fait à l'Ouest du Berry, sur les bords de la Creuse,
on rencontre des silex taillés de l'époque Chelléenne, notamment à Pouligny Saint-Pierre et à Preuilly-la-Ville.

A ces trois types correspondent trois âges paléon-tologiques : l'âge où dominait l'**Eléphant antique** (*Elephas antiquus*) et avec lui *Rhinoceros Mercki* et *Hippopotamus major* : Chelléen ; l'âge du **Mammouth** (*Elephas primogenius*) avec le RHINOCÉROS A NARINES CLOISONNÉES (*Rhinoc. tichorinus*), l'OURS DES CAVERNES (*Ursus spelœus*) et l'HYÈNE DES CAVERNES (*Hyæna spelœa*) : Moustérien ; et l'âge du **Renne** (*Cervus tarandus*) et de l'AUROCH (*Urus* ou *Bos primigenius*) : Magdalénien.

Le *Mammouth* était un monstrueux éléphant de 5 à 6 mètres de long, recouvert d'une épaisse toison et ayant sur le dos une crinière de poils raides. On trouve ses ossements en très grand nombre dans les contrées glacées du Nord, où, sans doute, il se sera retiré lorsque dans nos régions la température fut devenue plus douce. C'est là qu'on va chercher l'ivoire fossile employé par l'industrie. De nos jours, on a quelquefois retrouvé le cadavre du vieil éléphant conservé par les glaces. A la fin du siècle dernier, un pêcheur tongouse vit échouer un énorme glaçon à l'embouchure de la Léna. Le printemps suivant, le bloc se fondant mit au jour le cadavre d'un Mammouth. Le tongouse se contenta de scier les défenses et abandonna le reste aux chiens qui, durant plusieurs étés, en firent curée à mesure qu'il se dégageait des glaces. Le bruit de la trouvaille cependant arriva à Saint-Pétersbourg, et le gouvernement du czar fit recueillir ce qui restait du vieil animal. Joseph de Maistre raconte avoir flairé avec une suprême jouissance les débris putréfiés de ce représentant d'un autre âge.

Le fait s'est depuis renouvelé plusieurs fois.

Le *Renne,* dont les os sont très communs dans les cavernes, a, comme le mammouth, remonté vers le Nord où on le trouve encore en grand nombre.

L'*Ours des cavernes*, aussi grand qu'un taureau, avait deux mètres de haut sur trois de long. Il disparut de même que l'*Hyène des cavernes*. Leurs ossements se rencontrent dans les grottes dont ils faisaient leurs repaires, mêlés à ceux des herbivores qui leur servaient de proie, mais ces derniers sont broyés et rayés par les dents des fauves.

L'*Aurochs* était un énorme bovidé qui vivait encore dans les Gaules au temps de Jules César. Une espèce voisine (*Bos europœus*) compte encore quelques représentants dans les bois marécageux de la Lithuanie.

§ 2. — ÉPOQUE ACTUELLE.

Après ce que nous avons vu dans la première partie, il reste peut de chose à dire sur l'époque Actuelle.

Après le temps des glaciers et du Renne s'était établi en Europe le climat doux et tempéré dont nous jouissons encore. L'homme était sorti de ses habitations souterraines et s'était mis à construire des demeures au dehors : au milieu des bois ou au dessus des lacs, sur des pilotis. Des restes de ces habitations lacustres se voient encore dans le lac de Neuchâtel, en Suisse (*palafittes*). Ses moyens d'existence, ses instru-

ments de travail s'étaient en même temps perfec-
tionnés. A l'âge paléolithique succéda l'**âge néo-
lithique** ou *de la pierre polie*, ensuite l'**âge du
bronze** et enfin l'**âge du fer** après lequel nous
entrons dans les **temps historiques**. Mais tout cela
n'appartient qu'indirectement à la Géologie.

Quant aux dépôts, ils sont relativement peu considérables : le changement de climat avait amené une
diminution des pluies et par conséquent amoindri le
travail d'érosion des eaux. Ils consistent principalement en *sables* et *limons* analogues à ceux de l'époque
Pleistocène, quoique généralement plus fins. Ces
sables et limons constituent les **alluvions modernes**.
La Loire et le Cher roulent en abondance un sable
quartzeux fin. La Loire, dans ses grandes crues souvent terribles, dépose aussi un limon gras et fertile.
Toute la région du *Val* en est recouverte. La Creuse
charrie des matériaux plus variés empruntés immédiatement aux terrains situés sur son parcours : elle
creuse encore son lit. La plupart des autres cours
d'eau forment des dépôts boueux.

On peut encore placer parmi les sédiments de
l'époque Actuelle les *éboulis* ou **dépôts meubles sur
les pentes**. Autour des plateaux couverts d'argile
ou de roches tendres et friables, comme les marnes,
mais surtout de ceux qui sont recouverts d'argile à
silex, des éléments ont été entraînés plus ou moins
loin sur les pentes et forment une couche dont l'épaisseur peut varier entre quelques centimètres et plusieurs décimètres. Ces matériaux, arrachés par l'érosion aux assises du sommet, cachent les assises

inférieures sur une étendue parfois assez considérable.
On ne les considère point cependant comme formant
une couche géologique spéciale et on les assimile
ordinairement au *sol arable*. Ils sont surtout abondants dans le Sancerrois, dans le Boischaud et dans
la région de Valençay.

Nous avons nommé le **sol arable** : nous termine-
rons en en disant un mot. On appelle sol arable ou
terre végétale cette couche meuble superficielle qui
revêt presque partout les couches géologiques et sert
à la végétation des plantes. La composition de cette
couche comprend une proportion plus ou moins
grande de matières organiques. Au dessous de la
terre arable peut se rencontrer une autre couche terreuse également capable de recevoir et d'alimenter
les racines plus profondes des végétaux, mais que
la culture n'entame pas ordinairement : c'est le *sol
vierge*.

Au dessous du sol vierge, ou quelquefois immédiatement au dessous du sol arable, on rencontre la
roche vive, impropre à la végétation : c'est le *sous-sol*.

Ces distinctions, peu importantes au point de vue
de la Géologie pure, qui fait abstraction de la couche végétale pour ne considérer que le terrain sous-jacent,
offrent pourtant un intérêt considérable. Il y a ordinairement une très grande corrélation entre le sol
arable et le sous-sol géologique. Souvent, en effet, la
terre végétale est tout simplement le résultat de la
décomposition ou de la désagrégation des roches sous-
jacentes, et presque toujours elle leur emprunte une
partie de ses éléments.

D'autres fois cependant, elle peut être amenée par le ruissellement sur les pentes ou les alluvions des cours d'eau, comme nous l'avons vu ; ou encore être le produit de l'accumulation des poussières soulevées par les vents ou précipitées par les pluies et des détritus organiques lentement amassés durant des siècles sur des roches autrefois arides. Peut-être même, en quelques endroits, n'est-elle que le faible reste d'une couche géologique plus puissante, amoindrie et presque détruite par l'érosion. Nous trouvons aussi, hélas ! dans notre Berry, de larges plaines où la terre végétale fait à peu près complètement défaut.

L'étude approfondie du sol arable, au point de vue de sa constitution, de ses qualités et de ses rapports avec le sous-sol, est du ressort de l'Agronomie, ou mieux, d'une science encore récente, mais qui prend de l'importance chaque jour : la *Géologie agronomique*.

FIN

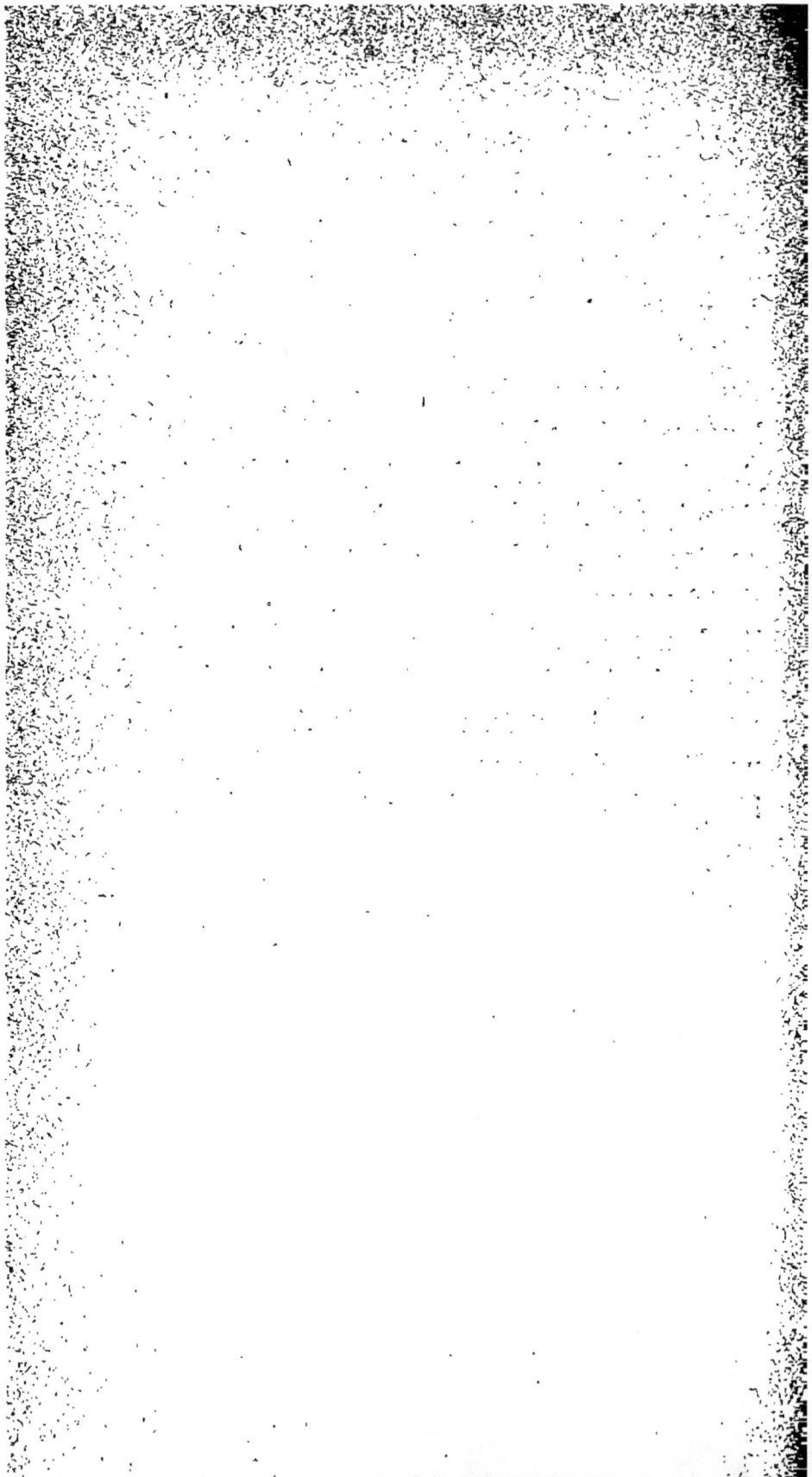

TABLE ALPHABÉTIQUE

Des terrains géologiques et des roches et substances
les plus remarquables représentées en Berry,

TABLE DES MATIÈRES

Corrections à faire sur la carte et les planches qui accompagnent la Géologie du Berry.

Nous n'indiquons ici que les principales : le lecteur, à l'aide du texte de la Géologie du Berry, pourra faire lui-même les autres corrections un peu importantes.

Au point de vue géographique, il manque sur la carte certains noms de communes : Vinon, Grossouvre, Saint-Germain-du-Puits, Serruelles, Corquoy, Vierzon-Bourgneuf, Saint-Aubin, Diors, Pouligny-Saint-Martin, Lacs, Vineuil, Saint-Genou, Martizay. Au contraire, Chalivoy (sur la Vauvise), Saint Germain-sur-l'Aubois et Laugère ont été mis à tort au rang des communes. Sancerre doit être reporté à deux kilomètres à l'Est, à peu près sur la ligne de la 30', plutôt au-delà. Toutes les communes voisines ont à subir la même opération.

Au point de vue géologique, la bande permienne qui va d'Épineuil à La Châtre doit être remplacée, au Sud-Est par le *Pliocène,* dans tout le reste par le *Triasique,* qui descend même plus au Sud, vers Châteaumeillant, Urciers, Feusines, Chassignolles. Dans les environs de Lury-sur-Arnon, à la place de Miocène, lisez *Pliocène;* à la place des quatre massifs éocènes de Brécy et de Gron, mettez du *Pliocène* également. Entre Torteron et Nérondes (Torteron, sur la carte, occupe la place de Patinges, l'ancien chef-lieu de la commune et est situé en réalité à environ deux kilomètres au Nord-Ouest), il faut remplacer Eocène par *Oligocène* et donner à ce massif des limites un peu différentes. La grande *faille de Sancerre* commence au Nord de Santranges; après plusieurs changements de direction, elle passe à Sancerre, exactement sur la 30' Est. Au Sud de Sancerre, il y a plusieurs failles, qui sont interrompues à la latitude de Sancergues et vont se terminer auprès de Saint-Aignan. Enfin, sur les bords de la Loire, les *alluvions* doivent être réduites en moyenne au quart de la largeur que la carte leur donne.

Dans la planche 5, *Trigonia navis* et *Trigonia Browni* sont du *Bajocien* et non du Corallien (Séquanien) ; *Ammonites inflatus* est de l'*Albien* supérieur; et au lieu de *Ostrea vesicularis* il faut lire *Ostrea* vesiculosa. *O. vesicularis* appartient à un autre étage et du reste n'a pas encore été rencontrée dans le Berry.

BOURGES. — TYP. TARDY-PIGELET.

LÉGENDE DES TERRAINS.

CARTE GÉOLOGIQUE
DU
BERRY

DÉPARTEMENTS DU CHER ET DE L'INDRE

D'après la Carte Géologique de l'État-Major
au 80,000

Signes Conventionnels

Th. Moreux, del.

Lith. Dufrénoy, Paris.

En Vente à la même Librairie

FLORE ANALYTIQUE

DU BERRY

Par A. LE GRAND

2e Édition, 1 volume in-12............... 6 francs.